AF487047

PSICOLOGIA DEL LINGUAGGIO DEL CORPO

Come usare la psicologia per analizzare le persone e la comunicazione non verbale, le tecniche più segrete per manipolare la mente, i gesti e le espressioni

SAMUEL GOLEMAN

Avviso di esclusione di responsabilità

Le informazioni contenute in questo libro sono destinate esclusivamente a scopi educativi e di intrattenimento. È stato fatto ogni sforzo per presentare informazioni accurate, aggiornate, affidabili e complete. Non viene fornita o sottintesa alcuna garanzia di alcun tipo. I lettori riconoscono che l'autore non si occupa di fornire cure mediche perché non ha una formazione medica.

Introduzione 1

CAPITOLO 1 : Il linguaggio del corpo 5

    A-   Che cos'è il linguaggio del corpo? 5

    B-   Comunicazione non verbale.............................9

CAPITOLO 2 : Comprendere i tratti dei primati 15

    A-   Tratti dei primati nel nostro linguaggio del corpo   15

    B-   Tratti di potenza biologica.............................20

CAPITOLO 3 : I gesti silenziosi e il loro significato 25

    A-   Gesti inconsapevoli 25

        1-   Emblemi 28

        2-   Illustratori 29

        3-   Regolatori 31

        4-   Adattatori 31

        5-   Gesti d'affetto 31

    B-   Movimenti della mano e loro significato 33

    C-   Il linguaggio silenzioso del corpo....................35

CAPITOLO 4 : Il discorso e il corpo...........................39

    A-   Come il nostro corpo influenza il linguaggio..39

    B-   Persuasione con il linguaggio del corpo........43

    C-   Che cos'è la prossemica e come applicarla nella vita quotidiana? 48

    D-   Distanze nella prossemica.............................53

CAPITOLO 5 : Comunicare con le espressioni facciali.55

A- Cosa nascondono le espressioni facciali: il linguaggio degli occhi e dello sguardo 55

B- Espressioni facciali che incutono rispetto 60

C- Mani e gambe 64

D- Gambe 67

E- La posizione 69

CAPITOLO 6 : Corteggiamento e seduzione **75**

A- Segnali di corteggiamento umani 75

B- Movimenti e seduzione 83

C- La comunicazione non verbale, un potente alleato per il successo delle relazioni 88

CAPITOLO 7 : Giocare con lo specchio **97**

A- Lo specchio e il selfie: tecniche per valorizzare e persuadere con il corpo 97

B- Persuadere usando lo specchio o il selfie 100
1- Evitare tutto ciò che nasconde il viso...................... 100

C- La telecamera a specchio 102
I Gesti positivi 103
I gesti negativi 105

D- L'importanza del linguaggio del corpo nel parlare in pubblico 106
1- Espressioni facciali vietate 109

E- Inganno e gesti del corpo 111
1- Respirare profondamente.. 112
2- Rilassamento dei muscoli del viso.......................... 112
3- Mantenere le sopracciglia inespressive 113
4- Sorrisi forzati 113

5-   Tenere la testa tra le mani 113

6-   Movimenti delle mani esagerati e illustrativi 114

7-   Cercare di proteggere il petto o la testa con le braccia: 115

8-   Contrazione delle sopracciglia o tensione esagerata delle stesse 115

9-   Accigliatura tra le sopracciglia o la glabella 116

F-   **Come capire che qualcuno sta mentendo? 116**

1-   Contatto visivo 118

2-   Gesti delle labbra e della bocca 119

3-   Microgesture 120

4-   Segni di ansia e irrequietezza.................................. 121

5-   Movimenti incoerenti 121

6-   Impiegare molto tempo per affermare qualcosa ... 121

7-   Coprendosi la bocca o cercando di nascondere gli occhi   121

8-   Mantenere il silenzio................................ 122

9-   Alterare i punti di ancoraggio del corpo 122

10-   Mancanza di riflessi.................................. 122

11-   Distogliere lo sguardo 123

CAPITOLO 8 : Risolvere i conflitti senza parlare 125

A-   **Il comportamento assertivo del corpo........ 125**

1-   Ignoriamo inconsciamente 126

2-   Ignoranza con coscienza 126

3-   Conoscenza con consapevolezza 127

4-   Conoscenza senza consapevolezza........................ 127

5-   Individuare i pensieri non assertivi...................... 129

6-   Rilevare le emozioni non assertive 130

7-   Riconoscere le abitudini poco assertive 131

B-   **Risoluzione dei conflitti attraverso il linguaggio del corpo.. 133**

1-   Le principali espressioni facciali osservate in questo stato sono 135

2- Alcune espressioni facciali che indicano che non è il momento giusto per negoziare 136

3- Espressioni facciali positive 136

C- Aptica, il potere del tocco fisico...................138

CONCLUSIONE **143**

Bibliografia..**145**

INTRODUZIONE

Quante volte ci è capitato di ricevere una cattiva impressione da una persona senza nemmeno averle parlato? Quante volte non abbiamo provato simpatía per il viso di una persona solo per un'impressione ricavata da una fotografia? Probabilmente questo non ha nulla a che vedere con il fatto di essere persone cattive o buone ma si tratta di un complesso meccanismo di evoluzione e adattamento che abbiamo ereditato dai nostri antenati primati.

A differenza del nostro, nel mondo animale non esiste un linguaggio verbale. Noi progettiamo nella nostra mente uno strumento che ci permette di comunicare con altre persone, attraverso un codice linguistico appreso fin dalla nostra prima infanzia. Anche se ci spostiamo da un Paese all'altro, possiamo comunicare perchè abbiamo assimilato un codice che viene parlato e compreso da più persone in altri Paesi del mondo.

Ma il linguaggio del corpo è uno strumento molto più potente perchè può aprirci le porte di paesi con culture così lontane dalla nostra, semplicemente facendo un gesto. I nostri parenti stretti, i primati come i bonobo, gli scimpanzé e i gorilla, comunicano tra di loro, senza bisogno di imparare alcuna lingua. Nel mondo pragmatico della natura, il linguaggio è inutile per risolvere un conflitto.

Nonostante la nostra grande intelligenza, la prova più evidente della nostra goffaggine è mostrata dalle statistiche sulla violenza sociale. Se risolvessimo i nostri conflitti con il linguaggio assertivo del corpo, oggi non conteremmo i milioni e milioni di morti in innumerevoli conflitti avvenuti nel corso della storia umana.

Questo libro sul linguaggio del corpo si propone di guidare il lettore in un mondo affascinante in cui ogni gesto, per quanto insignificante possa sembrare, ha una grande carica e ha il potere di risolvere ogni tipo di situazione che si presenta nella vita quotidiana.

Assimilando le conoscenze qui presentate, è possibile sapere come e perché una persona si comporta in un determinato modo e in una determinata situazione; quali sono i gesti più seducenti quando si inizia un corteggiamento; come si possono risolvere i conflitti; come si può negoziare meglio: come si può persuadere; come si può piacere o come si può costruire la fiducia con gli estranei.

Dopo il viaggio che vi proponiamo in questo libro, attraverso l'affascinante mondo del linguaggio del corpo umano, ci auguriamo che sarete in grado di sapere cosa state trasmettendo quando stringete la mano di qualcuno che avete appena conosciuto oppure come sedurre la persona da cui pensate di essere attratti.

Desideriamo che vi piaccia riconoscere i molti significati del linguaggio del corpo che si celano dietro ogni nostro gesto e movimento.

CAPITOLO 1 : IL LINGUAGGIO DEL CORPO

A- Che cos'è il linguaggio del corpo?

Il linguaggio verbale è una delle forme di comunicazione più efficaci esistente da circa ventimila anni, cioè da quando i primi esseri umani hanno iniziato ad usare questo meccanismo di interazione. Tuttavia, molto prima dell'esistenza del linguaggio verbale, l'homo sapiens comunicava attraverso il corpo. Per individuare comportamenti rischiosi, come l'attacco di un predatore o qualsiasi altra situazione che potesse rappresentare un pericolo imminente per i membri delle comunità primitive, gli esseri umani comunicavano con segnali non verbali.

Per apparire più potente del resto dei primati, l'uomo primitivo era costretto a usare gli stessi strumenti dei primati. Così, quando c'erano scontri tra gruppi di ominidi, questi si battevano il petto, ululavano e saltavano, apparendo così più grandi o più potenti degli avversari; allo stesso modo, quando appariva un branco di grandi predatori come una tigre dai denti a sciabola, usavano il corpo come prolungamento della lancia o minacciavano di lanciare una pietra. Questi sono tutti esempi di linguaggio del corpo primitivo.

L'uomo primitivo aveva capito che il corpo non era solo uno strumento per interagire con il mondo o per sopravvivere, per tal motivo, aveva iniziato ad usare le mani come se fossero un aratro o come un cucchiaio o una forchetta per introdurre il cibo in bocca; aveva anche capito che, un gesto della mano, un'espressione del viso o un movimento potevano trasmettere un'idea o un modo di sentire a un altro membro del gruppo. Anche le pieghe del viso, gli occhi, gli angoli delle labbra, il movimento delle mani, le posizioni in cui usiamo le braccia o le gambe quando ci sediamo, sono una sorta di traccia di quell'ominide del passato che ancora oggi vive nel nostro modo di relazionarci con l'ambiente e con i nostri simili.

In ogni interazione con gli altri, utilizziamo diversi mezzi non verbali per esprimere ciò che proviamo. Nel linguaggio verbale c'è una sorta di vuoto che si apre affinché il corpo possa comunicare in modo chiaro ciò che la parola non riesce a fare. Gli esperti di comunicazione indicano che il modo in cui muoviamo le mani e le braccia, la postura che assumiamo e lo sguardo che rivolgiamo, formano una sorta di codice che comunica, a volte in modo molto più eloquente, delle parole o di formule verbali più sofisticate.

Governanti, presidenti, attori, socialite, leader spirituali e personalità che hanno visibilità nei media sanno quanto sia importante saper usare intelligentemente il proprio corpo per esprimere in modo eloquente ciò che intendono. Questo è uno dei motivi per cui il linguaggio del corpo è diventato un secondo modo di comunicare senza parole.

Esemplare di scimpanzé

I tratti espressivi non verbali sono essenziali per la maggior parte degli animali. I segnali, attraverso i tratti corporei, fanno parte di strategie essenziali per la sopravvivenza. Alcune specie usano spesso le loro parti del corpo per raggiungere il successo in attività idonee a garantire la loro sopravvivenza e quella della loro prole. Il cervello, l'organo più complesso dei mammiferi superiori, è responsabile di tutti questi comportamenti e, in ultima analisi, permette di portare a termine il compito di rimanere in vita in modo ottimale per la specie dominante.

Specie minori di uccelli, ad esempio, i tacchini e, ancor più i pavoni, sfoggiano un piumaggio variopinto per impressionare le femmine e per ottenere, in modo molto più efficiente rispetto a individui meno dotati fisicamente, l'accoppiamento che garantirà la trasmissione dei loro geni alla generazione successiva. I gorilla si battono forte il petto per intimidire gli altri maschi, così come gli scimpanzé che, tendono a essere di gran lunga i primati più violenti al di fuori dei loro lontani parenti, gli homo sapiens.

Per la nostra specie, l'intelligenza è un fattore molto più efficace delle altre strategie di sopravvivenza del resto delle specie. Per questo motivo, l'uso dei gesti del corpo, delle posture e delle espressioni facciali è fondamentale per ottenere un vantaggio sociale e psicologico. Nessun'altra specie nella storia è stata così efficace in questo senso come la nostra.

Gli strumenti che utilizziamo per condurre una vita più o meno confortevole sono estensioni del nostro corpo e dei nostri organi. Gli abiti, gli accessori, gli utensili che usiamo nella vita quotidiana costituiscono un insieme che ci permette di lasciare un segno nella psicologia degli altri. Di solito diciamo che qualcuno ci ha dato una buona impressione, per riferirci a persone che sono riuscite a lasciare un segno nella nostra memoria dopo un incontro.

La padronanza e la conoscenza di tutti i segreti del linguaggio del corpo diventano un fattore di grande importanza per il successo nella maggior parte delle attività sociali: stabilire nuove relazioni, interagire con gli altri, trasmettere i geni a una nuova generazione di discendenti, ottenere il dominio sugli altri, influenzare e avere più successo nell'attività a cui ci dedichiamo, sono tutti fattori che dipendono in larga misura da come gestiamo il linguaggio del corpo.

In un'epoca in cui il networking virtuale via Internet è fondamentale, la prima impressione è cruciale. Di solito, quando sentiamo il nome di una persona per la prima volta, andiamo a fare una ricerca sui motori di ricerca web e sui social network. Cosa cerchiamo, oltre alle informazioni personali, alla biografia, all'esperienza, all'età, allo status sociale?

Di norma, vogliamo conoscere l'aspetto fisico della persona: come sono i suoi occhi e il suo sguardo, come si veste, parla, si muove e che tipo di gesti del corpo ha. A differenza di decenni o secoli fa, oggi tutto questo è possibile attraverso un computer o un cellulare e senza che la persona sia di fronte a noi. Su Facebook, Instagram e YouTube possiamo vedere una fotografia o un video in cui analizziamo ogni gesto e movimento che egli compie. Così, oggi la prima cosa che sappiamo degli altri è il loro linguaggio del corpo.

B- Comunicazione non verbale

Per poter comunicare verbalmente, l'homo sapiens ha dovuto attraversare un lungo processo di adattamento e di evoluzione del suo corpo , un proceso che è durato circa trecentomila anni. All'inizio, la nostra gola non era altro che un mezzo con cui si consumava il cibo mentre la comunicazione si limitava a una gestualità primitiva che esprimeva lo spettro dei sentimenti di base: rabbia, paura, piacere, ansia, vivacità, ecc. In questo modo, i nostri antenati indovinavano ciò che i loro simili volevano dire. Nella misura in cui la specie riusciva a salire la scala della piramide della sopravvivenza, utilizzando a proprio vantaggio i fenomeni e gli oggetti del suo ambiente, riusciva a imporsi sul resto della specie.

Il fuoco gli permetteva di riscaldarsi nelle notti fredde, di cuocere il cibo e di spaventare gli altri predatori che si aggiravano intorno alle caverne per sopravvivere. Una postura più eretta, rispetto a quella iniziale da quadrupede, che lo metteva al livello della specie animale, era un vantaggio per dominarli. Anche se, in linea di principio, doveva usare ancora la voce per gridare o pronunciare qualche suono gutturale o onomatopeico per evitare qualche situazione rischiosa, sarebbe stata la sua intelligenza a permettergli di avanzare a passi da gigante rispetto al resto delle specie sulla Terra.

Illustrazione di una famiglia primitiva

Quando gli uomini primitivi si lasciarono alle spalle il giogo del brutale mondo della Natura, cominciarono a comparire i primi segni del progresso dell'evoluzione della loro gola per la comunicazione. La parola parlata, inizialmente, era il primo balbettio che avrebbe lasciato il posto alla scrittura, che divenne un meccanismo molto più complesso, un codice per comunicare idee agli altri membri della specie.

Ogni cultura umana ha sviluppato il proprio linguaggio verbale, ma per comunicare con gli altri che non conoscevano la stessa lingua o il dialetto originale, c'era spazio solo per la comunicazione non verbale. Segni o allegorie, utilizzando le mani, il viso o il corpo, erano in grado di far capire a uno straniero l'essenza del messaggio. La comunicazione cominciò ad andare oltre l'articolazione della lingua parlata.

Il nostro cervello primitivo è predisposto ad identificare i gesti del viso, i movimenti del corpo e degli arti. Anche se non ne siamo consapevoli, il nostro corpo lo manifesta in ogni momento, attraverso la comunicazione non verbale.

Ogni volta che facciamo un gesto come portarci il dito alle labbra per indicare il silenzio; alzare la mano quando qualcuno ci interrompe durante una discussione; indicare un bambino o un animale domestico; il luogo in cui si è appena commesso uno scherzo; alzare un sopracciglio; aggiustare il nodo della cravatta o, nel caso delle donne, toccare e giocherellare con i capelli mentre si conversa con un uomo a un appuntamento, c'è un evidente gesto di comunicazione non verbale che sta inviando messaggi al cervello dell'interlocutore o dell'osservatore.

Anche il minimo pensiero o il nostro stato d'animo si riflettono nella nostra comunicazione non verbale. Quando qualcuno ci chiede se stiamo attraversando un brutto momento della nostra vita, questo ha una spiegazione logica. La postura del corpo, i gesti, lo sguardo e la posizione di mani e gambe comunicano uno stato d'animo che si riflette senza dover esprimere una sola parola.

Questo è il motivo per cui molti esperti di etologia e comportamento animale sembrano conoscere tutti gli stati emotivi che si provano. Quando un lupo, ad esempio, vuole marcare il suo territorio rispetto a un altro lupo, mostra i denti in segno di avvertimento. Sta dicendo: "Non avvicinarti se non vuoi avere problemi con me". Quando un cane urina in un luogo preferito, non lo fa per capriccio: sta anche marcando il suo territorio attraverso i feromoni, indicando agli altri che quello è il limite dei suoi confini, in modo che non si avvicinino.

Negli esseri umani, mostrare una postura difensiva, come il gesto di incrociare le braccia, indica che si sta imponendo un limite. È una sorta di avvertimento, proprio come fanno i canini o i felini quando mostrano i denti. Lo vedremo più avanti, quando studieremo ciascuno dei gesti che compiamo inconsciamente, nelle normali situazioni della vita quotidiana.

Se andassimo in giro per il mondo consapevoli dei nostri gesti di comunicazione non verbale e del linguaggio del corpo, non saremmo in grado di fare molte delle cose che facciamo, poiché questo meccanismo di comunicazione è stato perfezionato nel corso di millenni di interazione con altre specie e con la nostra. La comunicazione non verbale dimostra quanto siamo vicini al resto del regno animale e quanto la nostra natura di primati giochi un ruolo importante in ciò che facciamo e perché.

Il linguaggio verbale ha messo in secondo piano quello non verbale. Dall'evoluzione dei nostri organi, inizialmente responsabili dell'emissione di suoni gutturali, come le onomatopee, idonee ad esprimere la vicinanza di un grosso predatore, abbiamo iniziato ad abbandonare i gesti e il linguaggio del corpo come modo di comunicare, limitandoci al linguaggio puramente verbale. Ma c'è sempre in noi un residuo di quella forma primitiva, che era anche molto efficace per la sopravvivenza in un ambiente ostile.

Nell'attuale società che offre maggiori protezione e sicurezze , poiché non c'è più il rischio di imbatterci con animali di grossa taglia che mettono a rischio la nostra sopravvivenza, né con altri gruppi rivali pronti a combattere per il proprio comfort, la comunicazione non verbale è tenuta in scarsa considerazione. Al contrario, riteniamo che esprimersi nel modo più corretto possibile attraverso le parole sia una garanzia di maggiore civiltà.

Dietro un elaborato discorso , c'è sempre un residuo di non comunicazione verbale. Anche quando si ascolta la voce di qualcuno, ci sono una serie di movimenti del corpo e del viso che indicano la necessità di esprimersi attraverso i gesti . La comunicazione non verbale è una sorta di giogo che ci portiamo dietro, come se fosse la nostra zavorra biologica, dal primate che ha iniziato a comunicare attraverso il codice del linguaggio scritto e non attraverso gesti e movimenti del corpo.

Alcuni studiosi della comunicazione non verbale, come il professor Albert Mehrabian dell'Università della California, stimano che, la nostra comunicazione, fino al 55% , trasmette informazioni attraverso il linguaggio non verbale. Questo lo rende molto efficace, soprattutto per avvicinarsi agli altri e trasmettere le nostre idee, guadagnando la loro fiducia con un semplice gesto. Ecco perché si dice che il sorriso è sempre un'arma molto più potente del miglior discorso.

CAPITOLO 2 : COMPRENDERE I TRATTI DEI PRIMATI

A- Tratti dei primati nel nostro linguaggio del corpo

Anche se siamo abituati a considerarci più intelligenti del resto delle specie animali, e persino quando vogliamo insultare qualcuno chiamandolo "primate" o "primitivo" - parole che hanno la stessa origine -, in fondo al nostro cervello è ancora vivo quell'antenato che camminava su quattro zampe e che alla fine si è messo in piedi per dimostrare di essere più grande degli altri e quindi di procurarsi molto più facilmente le risorse vitali e, naturalmente, di poter trasmettere i propri geni attraverso la riproduzione sessuale.

Poiché non siamo in grado di dominare gli altri da soli, inizialmente abbiamo usato la nostra intelligenza per progettare armi che ci mettessero sullo stesso piano degli esemplari più potenti, equiparando la nostra forza; questa machiavellica invenzione ci ha anche permesso di controllare più di un esemplare della nostra specie e altri che potevano minacciare la nostra sopravvivenza. Ma l'evoluzione della nostra corteccia cerebrale ci porterebbe a considerare che è molto più importante usare la ragione e il discorso che la violenza e la forza bruta offerte dalle armi.

I nostri antenati primati erano consapevoli che, per risolvere le divergenze, avevano solo due opzioni: la negoziazione o il combattimento. La seconda opzione a volte portava all'eliminazione dell'altro. I bonobo sono una specie di primati che è riuscita a risolvere la questione in modo molto efficiente. Risolvono le loro differenze attraverso il sesso piuttosto che con la violenza. Questo ha fatto sì che rimanessero socialmente molto forti, poiché è la femmina, a differenza di altre specie di primati come i gorilla o gli scimpanzé violenti, ad agire come alfa sul resto del branco.

Come esseri umani oggi abbiamo due volti che ci fanno identificare con il mondo dei primati: la violenza e la brutalità dello scimpanzé e la calma sessualità del bonobo. Nel mondo animale, l'ingrandimento del cervello è garanzia di maggiore empatia e minore crudeltà. Animali come i rettili hanno un cervello molto più piccolo e meno sviluppato rispetto, ad esempio, a un elefante o a un essere umano. Questo li rende molto più efficienti nel mettere da parte la pietà o l'empatia. Tuttavia, questo non significa che la stupidità umana ci porti, anche nel XXI secolo e nonostante i grandi progressi della scienza per il miglioramento del benessere umano, a scatenare guerre che costano migliaia di vite umane.

Abbiamo molti più tratti da primate di quanto pensiamo. Proprio come i primati, abbiamo bisogno di relazionarci con gli altri, di creare comunità, anche se oggi sono virtuali. Abbiamo bisogno di ascoltare la voce degli altri, di leggere le loro opinioni, di vedere cosa fanno, anche se attraverso uno schermo e a migliaia di chilometri di distanza. Né i primati, né noi, potremmo sopravvivere a lungo completamente soli. L'empatia si è rivelata essenziale per evolvere e sopravvivere in un mondo ostile.

Da milioni di anni, le femmine dei mammiferi si occupano della gestazione, dell'alimentazione, della protezione e dell'allevamento dei piccoli. Questo tratto empatico ha fatto sì che, la protezione dei più deboli, cioè della prole, ci abbia permesso di prevalere su altre specie scomparse. Oltre a consentire la trasmissione dei geni a una nuova generazione, la riproduzione sessuale crea un legame di empatia con l'altro sesso, che consente di migliorare apparentemente l'aspettativa di vita e la sua qualità.

Le risposte agli stimoli empatici nei primati, soprattutto nei bonobo, hanno lasciato perplessa la scienza. Sia i bonobo che gli scimpanzé fanno parte di quello che in primatologia è noto come genere Pan. Queste due specie sono i parenti viventi più stretti dell'Homo sapiens.

Quasi cento anni fa, nel 1928, un anatomista tedesco di nome Ernst Schwarz scoprì questa nuova specie di primate studiando un cranio nel Museo di Tervueren in Belgio, che era stato erroneamente classificato come appartenente a un giovane scimpanzé (scientificamente noto nella classificazione come Pan troglodytes). Solo nel 1933, l'anatomista americano Harold Coolidge considerò il bonobo una nuova specie di primate.

Esemplari di bonobo

Anche se abbiamo l'idea che i gesti di cortesia e i comuni rapporti sociali facciano parte del nostro cervello civilizzato, può sembrare sorprendente che i primati abbiano codici di comunicazione non verbale per mostrare empatia o accettazione sociale nei confronti dei loro simili. Dopo un'assenza prolungata, è comune, tra gli esseri umani abbracciarsi a lungo e stringersi il più possibile alla persona che è mancata come segno di affetto . Una delle caratteristiche che possono sembrare sorprendentemente umane nei primati è quella di dare baci e abbracci dopo la separazione.

Analizzando il comportamento dei primati in cattività o in natura, molti ricercatori hanno trovato gesti socialmente corretti se li confrontiamo con le nostre abitudini nei confronti delle altre persone. Baciare i membri più stretti del gruppo o percorrere la distanza tra due primati per salutarli quando uno si allontana, sono comportamenti che non definiremmo animalisti.

I primati hanno codici rigorosi di accettazione e rifiuto per l'accoppiamento. In genere, il maschio più forte e in forma ha le migliori possibilità di trasmettere i propri geni alla generazione successiva. Per quanto riguarda l'identificazione di altri individui, gli scimpanzé hanno testato quali volti sono loro familiari e quali no. Lo sguardo è un altro fattore di grande importanza per i primati. Gli esseri umani sono abituati a indicare, usando le dita delle mani, soprattutto l'indice, che è il più lungo e funge da puntatore, per indicare qualcosa a distanza ad un'altra persona.

Gli scimpanzé in cattività spesso attirano l'attenzione dei loro guardiani fissandoli negli occhi. Una volta stabilito il contatto visivo, alzano lo sguardo al di sopra della testa per indicare, ad esempio, se vogliono che un tipo di frutta venga lanciata loro dall'alto del pozzo in cui vivono. Questi modelli di intelligenza ci mostrano che i primati hanno in comune con noi molto più di quanto pensiamo.

Il nostro cervello è diviso in tre parti: basico-reptiliano, limbico-mammifero e umano-neocorteccia. Allontanandoci dal nostro ambiente naturale originario, abbiamo iniziato a lasciare indietro le prime due parti per concentrarci sul cervello corticale. Siamo diventati animali così razionali da aver dimenticato che rispondiamo anche agli impulsi, come il resto delle specie del pianeta.

In ogni nostro gesto ci sono tratti inconsci che provengono dai nostri parenti primati, anche se pensiamo che, avendo una civiltà basata sulla ragione e sulla scienza, questo ci abbia allontanato dalla nostra essenza di primati.

Dal modo di guardare, di toccare, di abbracciare, di corteggiare, di litigare, di salutare, alla postura del corpo e alle espressioni del viso in certi momenti, stiamo sempre attualizzando i tratti dell'eredità dei primati che risiede nel profondo dei nostri geni e da cui non possiamo staccarci per quanto lo vogliamo e fingiamo di essere razionali.

B- Tratti di potenza biologica

Le gerarchie sono molto importanti per i primati, perché definiscono i ruoli all'interno dei branchi. Da questi tratti di potere dei nostri antenati primati abbiamo ereditato quelli che segnano le differenze di gerarchia nella nostra vita sociale. Le mani sono uno degli strumenti principali degli esseri umani. Con esse non solo interagiamo con l'ambiente, ma le usiamo anche per comunicare non verbalmente con gli altri. I primati,come i gorilla e gli scimpanzé, dimostrano spesso la loro forza e la loro gerarchia con gesti eloquenti, come battersi il petto con i loro potenti pugni rivelando un chiaro avvertimento: "non mettetevi contro di me: sono forte e potente". Questo gesto è simile a quello che molte persone fanno durante un confronto: darsi pugni sul petto, alzare il mento per sembrare più grandi dell'avversario[1] .

In questo modo eloquente, i primati e i loro eredi biologici, gli esseri umani, dimostrano la loro forza virile e i loro livelli di testosterone. I gorilla si battono il petto per mostrare la loro statura e le loro dimensioni. Un gesto che

---

[1] I battiti del petto come segnale onesto delle dimensioni corporee nei gorilla di montagna maschi (Gorilla beringei beringei). www.nature.com/
https://www.nature.com/articles/s41598-021-86261-8

abbiamo adottato per intimidire gli altri durante una disputa, dove la forza fisica individuale ha la precedenza.

Per questo motivo, nella maggior parte delle specie, l'altezza è un capitale di potere molto importante. I canidi spesso alzano il dorso per dare l'impressione di avere una maggiore altezza e massa corporea; i pavoni e gli altri uccelli sfoggiano il piumaggio o alzano la testa per mostrare una maggiore altezza rispetto agli altri, attirando così l'attenzione delle femmine e spaventando i maschi in orbita. Negli esseri umani, le mani si rivelano le armi principali per dimostrare il proprio potere.

Il saluto più comune tra gli esseri umani è la stretta di mano. All'inizio questo gesto nasceva come segno di fiducia nei confronti dell'altra persona, mostrando il palmo della mano per farle capire che non portava con sé un'arma che avrebbe potuto conficcarla nella schiena in un momento di debolezza. Poi , iniziarono a stringersi la mano per suggellare il patto di fiducia con un estraneo. Allo stesso modo, i canidi, come i lupi e i loro discendenti, spesso mostrano la gola al maschio alfa durante un confronto, dimostrando con questo atteggiamento una totale sottomissione a colui che è superiore in forza.

Il gesto di stringere la mano dopo aver mostrato i palmi vuoti è un segno distintivo di fiducia nell'altra persona.

Anche se non ce ne rendiamo conto, conserviamo ancora tratti di dominazione con la stretta di mano tanto che, a volte, la stringiamo in modo vigoroso e poco diplomatico. Questo è considerato un segno di cattiva educazione, in una società in cui si suppone che la nostra corteccia cerebrale sia sufficientemente avanzata e non avrebbe molto senso intimidire qualcuno appena conosciuto con la forza bruta. Questi tratti inconsci dimostrano la portata dell'eredità genetica del potere dai nostri antenati primati.

Tra gli scimpanzé, di gran lunga la più feroce e violenta delle specie di primati, le dispute di potere all'interno dei branchi sono spesso risolte in modo poco diplomatico. Proprio come nei circoli di potere umani si creano alleanze per garantire il sostegno a un individuo che si dimostra leader, così, tra gli scimpanzé , si creano collaborazioni per garantire l'ascesa di un individuo all'interno del gruppo. Quando un esemplare si mostra pronto per la leadership assoluta, dietro le quinte ce n'è un altro pronto a schierarsi, a seconda della sua posizione sociale.

La primatologia è una branca della biologia che, attraverso l'osservazione del comportamento dei primati, ci permette di capire meglio perché fanno quello che fanno. Alcuni studiosi, come l'olandese Frans de Waal o il britannico Desmond Morris, hanno cercato di svelare i complessi e affascinanti comportamenti dei primati per comprendere l'essenza dei nostri. De Waal racconta che, in un gruppo di primati in uno zoo, c'era una disputa per il potere. Il più giovane di loro non aveva le capacità per imporsi se non con la forza bruta del suo corpo possente. Un altro primate faceva da secondo piano, sostenendolo nelle lotte contro un altro primate che gli sottraeva risorse e minacciava di accattivarsi il favore delle femmine del branco. Questo, per Frans de Waal, è stato forse il principale fattore scatenante delle lotte intestine tra scimpanzé.

Sebbene possiamo pensare di essere abbastanza razionali da evitare di contendere il potere nel modo cruento e crudele degli scimpanzé, gli esseri umani sono spesso molto più crudeli, poiché il nostro potere si manifesta in modi più sottili, ma non per questo meno distruttivi e dannosi. Come nelle grandi aziende, nei governi, nelle società o in qualsiasi altro gruppo gregario di esseri umani, ci sono sempre tensioni per il potere, che alla fine si traducono in una gerarchia sessuale, da qualsiasi punto di vista la si esamini.

Secondo il primatologo Frans de Waal[2], i due primati più giovani erano frustrati dalla strategia machiavellica del più

---

[2] Frans de Waal. La scimmia in tutti noi. Cap. 2: Il potere. Machiavelli nel nostro sangue

anziano, e quindi molto più esperti nella persuasione senza dover usare la forza. Quando una femmina mostrava interesse per una delle beta in competizione, lo scimpanzé più anziano interferiva, separando il maschio dalla femmina o unendosi a lei per entrare in competizione diretta.

L'esito, come in molti romanzi e film di intrighi di potere, è stato che lo scimpanzé più adulto, che era quello che intendeva prendere il potere all'interno del branco, è stato brutalmente catturato dai due più giovani che , per punizione, gli hanno strappato le gonadi. Questo ci ricorda il tragico epilogo delle dispute di molte vicende umane di passione per il potere sessuale, che, in fondo, non è altro che il potere più desiderato dai maschi, in quanto deriva dalla garanzia della gerarchia sociale, oltre che dall'eredità genetica della loro stirpe.

CAPITOLO 3 : I GESTI SILENZIOSI E IL LORO SIGNIFICATO

A- Gesti inconsapevoli

Di norma, non siamo molto consapevoli dei nostri gesti. Solo quando ci troviamo di fronte ad essi, ad esempio quando ci viene mostrato un video o una foto in cui appariamo, ci rendiamo conto del potere del nostro linguaggio del corpo. Nella maggior parte delle culture del mondo, esistono dei codici che rendono il linguaggio non verbale più o meno sobrio di altri.

Per gli abitanti dell'America Latina, molti europei o asiatici sono sgradevoli, perché nelle loro culture i gesti abituali sono più controllati rispetto all'estroversione degli abitanti dei Tropici. Non è un caso che i latinoamericani, gli europei e gli asiatici considerino i latinoamericani come i maestri di danza del mondo. Da qui l'idea diffusa nella cultura popolare del *Latin lover*, l'amante perfetto con tutti i tratti del temperamento focoso della cultura latina.

Imparare a comprendere il linguaggio del corpo e i gesti silenziosi della comunicazione non verbale è qualcosa che incuriosisce psicologi, biologi ed etologi. Per gli esperti, la relazione tra i nostri gesti silenziosi, cioè il tandem corpo-faccia, e l'esplicitezza della comunicazione verbale stessa, è la chiave per svelare il significato di ciò che vogliamo dire veramente e non di ciò che fingiamo di dire.

Un colloquio è il modo più efficace per conoscere una persona. Non perché vogliamo vedere il suo aspetto fisico, sebbene anche questo sia decisivo per una buona o cattiva impressione, ma soprattutto per il modo in cui i suoi gesti completano la sua verbosità. Se una persona dice qualcosa, ma i suoi gesti non vanno nella stessa direzione, è più probabile che stia mentendo.

Quando una persona dice al proprio partner di amarlo, ma nei suoi gesti c'è un cipiglio, uno sguardo che evita il contatto con gli occhi dell'altra persona e le narici sono dilatate, agitate dal respiro corto, le probabilità che stia mentendo sono molto alte. Se invece il volto del partner è illuminato da un sorriso, gli occhi sono luminosi e aperti e lo sguardo è fisso sul viso dell'altra persona, è probabile che la dichiarazione d'amore sia veritiera e non è solo una strategia per ingannare.

Due tipi di espressioni facciali rivelatrici:
empatia, felicità (sinistra); noia, fastidio (destra).

I gesti del viso e la postura del corpo sono segnali rivelatori. Lo spazio personale è qualcosa che tendiamo a custodire e a tenere lontano dagli altri come meccanismo di sopravvivenza. Quando vediamo ridursi lo spazio in cui possiamo muoverci, quando interagiamo con un estraneo, ci sentiamo a disagio; è consuetudine, ad esempio, che durante un combattimento, l'aggressore si avvicini per intimidirci, impedendoci di avere maggiore mobilità, proprio come nel mondo naturale fanno i predatori con le loro prede per catturarle.

Non è irragionevole che questo aspetto vitale, tanto per la nostra specie quanto per le altre, sia stato usato come cavallo di battaglia per giustificare qualsiasi tipo di decisione politica da parte di dittatori che si garantivano lo spazio vitale per manipolare gli animi . Allo stesso modo, cancelli, muri, recinzioni, confini e trincee costituiscono una sorta di demarcazione artificiale per garantire questo spazio vitale di movimento che ci offre sicurezza dal mondo esterno e dall'influenza degli altri.

Lo spazio che va dai 5 centimetri ai 2 metri di distanza da noi è la misura della privacy che offriamo agli estranei e ai nostri conoscenti più fidati. Il comfort dello spazio intimo della nostra privacy, che ha un limite massimo di 5 centimetri, è destinato ai partner sessuali e ai familiari più stretti come fratelli e genitori; da 5 a 20 centimetri, ci sono i conoscenti come gli amici e i parenti non così stretti; dai 20 centimetri ai 2 metri, è la media per avvicinarsi agli sconosciuti e alle nuove conoscenze. Infatti, durante un appuntamento di natura romantico-sessuale, se una persona supera questo limite, è possibile che l'appuntamento venga rovinato, poiché la situazione diventa imbarazzante quando non c'è una vera attrazione sessuale.

Nella vita di tutti i giorni utilizziamo diversi gesti, sia consapevolmente che inconsapevolmente.

Ognuno di questi gesti, a sua volta, ha una funzione specifica legata alla sua intenzione. Potremmo definirli come azioni riflesse che compiamo davanti allo specchio o in qualsiasi situazione. Battere le palpebre o proteggersi il viso quando l'olio caldo schizza in cucina sono azioni riflesse che occupano il 5% di tutte quelle che compiamo durante il giorno, che non hanno un'intenzione specifica; d'altra parte, ci sono gesti intenzionali, che possono avere o meno una funzione specifica, che sono residui del nostro comportamento di primati o del sistema rettiliano.

I ricercatori Ekman e Friesen hanno definito una serie di movimenti in base alla loro funzione e interpretazione nell'ambito del linguaggio non verbale del corpo, classificati in cinque gruppi:

1- Emblemi

Si tratta di atti del linguaggio del corpo che hanno una specifica equivalenza verbale, anche al di là della cultura di origine. Sono efficaci per la loro bassa ambivalenza e per il loro significato concreto. In molte culture, l'indice e il pollice in segno di pistola significano l'autoeliminazione; allo stesso modo in Giappone, il segno di due mani unite che tengono una pistola attraverso l'addome è sinonimo dell'ultimo sacrificio rituale di sé quando l'onore è stato perso: seppuku o harakiri.

Esistono anche gesti positivi come il gesto "OK", che consiste nell'alzare le tre dita: il mignolo, l'anulare e il medio, formando un cerchio con l'indice e il pollice, e significa che tutto è in ordine o molto bene.

Tuttavia, in alcune regioni della penisola iberica, può significare il contrario, cioè che le cose non vanno molto bene; allo stesso modo in alcune aree popolari del Sud America, della penisola italiana e della Turchia, può significare un'allusione all'omoerotismo, rappresentando l'ano.

Il gesto "OK

2- Illustratori

Questi gesti, come suggerisce il nome, enfatizzano il discorso verbale, e usandoli, riescono a sottolineare il pensiero attraverso dei gesti corporei. Vengono usati sincronizzazione tra il verbale e il corporeo. Allo stesso modo in cui un direttore d'orchestra gesticola con la bacchetta davanti ai musicisti, questi gesti accentuano ciò che intendiamo comunicare, di solito usando le mani.

In alcuni casi, questi gesti sono già incorporati nella cultura, tanto che il parlante non ne è consapevole e li ripete autonomamente. È il caso della cultura italiana, che ha influenzato quella argentina, a causa delle ondate migratorie nel Paese sudamericano, dove esistono diversi gesti illustrativi fatti con le mani.

Ad esempio, il famoso gesto del "montoncito", che si fa unendo tutte le dita della mano e invertendole, muovendo la mano su e giù, che in Italia significa: "Ma che vuoi" o "Cosa vuoi", e che in Argentina ha esplicitamente il significato inequivocabile: "Ma che ti prende?" o "Ma, cosa dici?", per esprimere indignazione, il fastidio o la contraddizione con l'interlocutore.

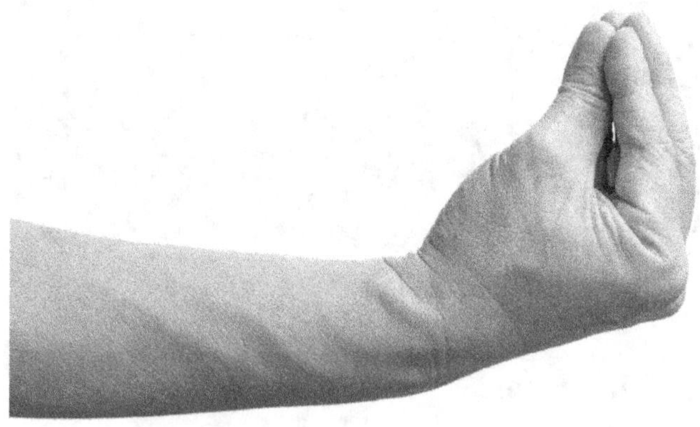

"montoncito" popolare in Argentina e in Italia

3- Regolatori

Come suggerisce il nome, questi gesti permettono di mantenere l'interazione con l'interlocutore mentre la comunicazione è sostenuta, regolandola secondo il ritmo della comunicazione. Tra i principali esempi di gesti di regolazione vi sono: tendere la mano all'interlocutore per stringergliela; alzare l'indice per fare una pausa e chiedere la parola; scuotere la testa in senso affermativo o negativo per sottolineare il discorso dell'interlocutore.

4- Adattatori

Per gesti adattivi si intendono quei gesti che riguardano il proprio spazio corporeo in relazione all'interlocutore. Sono tipici di una situazione di tensione o di stress: aggiustare la cravatta per gli uomini o sistemare più volte i capelli per le donne; toccarsi il viso, le mani, pulirsi il naso o sfiorare gli angoli delle labbra, sono tutti gesti che aiutano a ridurre la tensione e permettono al cervello di prendere il controllo della situazione concentrandosi su ciò che viene detto o ascoltato dall'interlocutore.

5- Gesti d'affetto

Sono strettamente legati al comportamento che abbiamo ereditato dai primati. Questi gesti dimostrano il legame emotivo che si ha con la persona più fidata e intima. Sono comuni tra i partner per dimostrare affetto, proprio come fanno i primati nel branco con i loro partner sessuali. Questi gesti includono: accarezzare la testa o toccare i capelli dell'altro; pulirsi il viso o tenersi per mano per riscaldarsi;

avvicinare il viso per strofinarsi e quindi rilasciare gli ormoni sessuali e rafforzare il legame di affetto.

Tipi di gesti: regolativi, adattivi (prima riga) e
(prima riga) e di affetto (seconda riga)

Produciamo sempre questo tipo di gesti, anche se non ne siamo consapevoli. Questo è spesso evidente quando, durante una conversazione al telefono, tendiamo a interrompere l'interlocutore. Sebbene si possa pensare che sia colpa di una cattiva educazione, non è così: il nostro cervello è sempre predisposto a leggere i gesti in modo automatico e inconsapevole e per questo motivo, in assenza di evidenza visiva dei gesti, il nostro cervello tende a improvvisare questi gesti facendo delle pause o, addirittura, e questo può sembrare assurdo, tendiamo ad agire con le mani e con il viso, anche se non siamo con quella persona nella stessa stanza. Questo è il risultato della potente influenza dei tratti genetici ereditati, che determinano questi comportamenti nell'interazione sociale con gli altri.

B- Movimenti della mano e loro significato

Le mani sono il nostro strumento principale per comunicare e per svolgere compiti semplici e complessi. Un pianista virtuoso usa le mani e le dita per suonare un pezzo complesso, così come un operaio che costruisce una casa le usa per piantare un chiodo nel muro con un martello, evitando di farsi male, così come un chirurgo le usa per prendere lo strumento ed eseguire un'operazione complessa per guarire un paziente. Senza le mani, ci si aspetterebbe un'evoluzione rispetto al resto della specie; le mani ci offrono uno dei maggiori vantaggi del regno animale.

Le mani hanno la capacità di comunicare, insieme ai gesti del corpo. Non sorprende quindi che gli esseri umani abbiano trovato un modo per consentire alle persone con problemi di udito e di linguaggio di comunicare attraverso un linguaggio che si basa essenzialmente sulle mani, sui gesti e sul corpo. Nessun'altra specie è in grado di raggiungere un tale livello di complessità come l'uomo.

Fin dal Medioevo, evitare il contatto con la pelle era essenziale per lo sviluppo delle famose e scomode armature; in tempi moderni, i gilet antiproiettile o le auto blindate, ad esempio, sono esempi del timore che abbiamo di esporre il nostro corpo al contatto fisico diretto con gli altri.

I gesti con le mani possono avere molti contesti e significati, dai più semplici ai più complessi come il semplice saluto a distanza, agitando le mani, ad una carezza sul viso di una persona cara per portarla alle labbra, ad un leggero colpetto sulla schiena per dare il nostro sostegno fisico a qualcuno che se lo merita per aver fatto bene un lavoro o per confortarlo in un momento difficile della sua vita, come un lutto.

Nel mondo orientale, le mani sono spesso utilizzate come una sorta di alfabeto per rappresentare i diversi stati dello spirito. Nell'induismo e nel buddismo indiano, i mudra sono gesti e movimenti eseguiti dai credenti con le mani e le dita che, secondo la loro filosofia, permettono di raggiungere uno stato avanzato di coscienza. Per questa dottrina spirituale, i mudra sono una sorta di danza eseguita con le mani e le dita, sia durante le sessioni di introspezione spirituale dello yoga, sia nelle danze consacrate alle diverse divinità del pantheon indù, ognuna con un particolare significato spirituale e che portano armonia al mondo nella misura in cui vengono eseguite con fede e venerazione.

Tipi di mudra

Il contatto fisico è legato alle gerarchie sociali. Nei Paesi in cui esistono ancora le monarchie, a nessuno è permesso di toccare un monarca, perché è una grave mancanza di rispetto. In gran parte ciò ha a che fare con il rilascio di ossitocina che si produce quando c'è un contatto fisico. La pelle è anche l'organo più grande del corpo e ha molte connessioni nervose che la rendono vulnerabile sia ai cambiamenti di temperatura, sia alla pressione e alle lesioni da contatto con gli oggetti.

L'uso delle mani, come confini invisibili, è comune quando si osservano i cordoni di sicurezza in presenza di una celebrità o di una personalità potente. Esporre il palmo della mano davanti al viso di chi si avvicina per stabilire un contatto fisico è un modo per avvertire attraverso il linguaggio del corpo: "non avvicinarti". Allo stesso modo, afferrare qualcuno per le spalle o gli avambracci è un modo per avere il controllo in modo diplomatico, senza essere violenti. In generale, chi ha uno status più elevato è colui che prende l'altra persona per le spalle o gli avambracci con le mani.

C- Il linguaggio silenzioso del corpo

L'essenza del linguaggio del corpo ha a che fare con il modo in cui il nostro cervello interpreta i codici comunicati attraverso i gesti e il linguaggio del corpo. La cinetica è il modo in cui le idee o le sensazioni vengono trasmesse attraverso i movimenti del corpo.

Il termine cinetica deriva da kinetos, una parola greca che significa movimento. Come indica il nome, si ha a che fare con l'alfabeto silenzioso del corpo. La semplice presenza del corpo e di ciò che trasmette è spesso sufficiente a stabilire una comunicazione silenziosa con gli altri.

Secondo ricercatori come Birdwhistell, non siamo dotati di un codice di fabbrica che ci permette di comunicare, ma lo impariamo socialmente, durante le fasi della vita.

Gesti come inarcare le sopracciglia o dilatare le narici, anche se possono sembrare spontanei, vengono copiati e migliorati man mano che interagiamo con gli altri.

I gesti naturali di un bambino sarebbero come gli schizzi su una lavagna per elaborare una formula matematica: man mano che vengono appresi dagli altri, diventano sempre più complessi, fino a creare con essi un linguaggio proprio.

La crescita dei capelli e la linea che definisce il nostro viso, così come la dimensione delle orecchie, la forma della mascella e dei denti, la dimensione e la forma delle ossa, danno forma a un'espressione che per ogni persona è simile ad un'impronta digitale: non ci sono due persone al mondo con caratteristiche o posture identiche.

Quello che, l'antropologo americano Ray Birdwhistell chiama paralinguaggio è un sistema strutturale di simboli significanti[3] , che permette a noi esseri umani di organizzare in modo coerente ciò che vogliamo comunicare agli altri. Oltre al linguaggio verbale, gli esseri umani dispongono di una serie di forme di comunicazione, come gli sbadigli, le

---

[3] Birdwhistell. Cinesica e contesto: saggi sulla comunicazione del movimento del corpo. Pp 95.

inflessioni della parola e della voce, le espressioni con le sopracciglia, gli angoli della bocca, ecc.

Nella semiotica della comunicazione entrano in gioco una serie di fattori ben lontani dalla semplice espressione vocale o dal linguaggio articolato. I gesti citati, la postura e il modo in cui usiamo le mani o gli arti, diventano una sorta di alfabeto che gli altri imparano a interpretare in modo inequivocabile. È un terreno precluso al linguaggio, anche se pensiamo che sia così complesso da dire tutto. C'è sempre un margine in cui la comunicazione torna agli stadi originari che, anche gli esseri umani primitivi, decine di migliaia di anni fa, utilizzavano per poter interagire in assenza del codice linguistico che costituisce le lingue parlate.

Dalla pluralità di gesti ed espressioni del corpo emerge un'unità comunicativa che ciascuno dei partecipanti alla comunicazione deve interpretare in base ai codici che ha assimilato dalla propria cultura. È per questo motivo che i gesti e le espressioni del corpo non hanno lo stesso significato in una cultura e in un'altra. Si ha sempre a che fare con significati che, sebbene possano sembrare simili, sono molto diversi.

Nella liturgia cattolica, ad esempio, si usano le cinque dita aperte quando si fa il segno della croce; queste cinque dita rappresentano le cinque ferite inflitte a Gesù Cristo nella sua passione. Questo gesto si fa tracciando con la mano una croce, partendo dalla fronte, dallo sterno e dal ventre, per la verticale, e tracciando poi una linea orizzontale, da spalla a spalla, da sinistra a destra. Questa direzione ha a che fare con la mano destra dei giusti e la mano sinistra di Dio per i dannati. Nella liturgia ortodossa, una mano viene posta prima sulla spalla destra e poi sulla sinistra, sperando così di essere individuati da Dio all'interno del gruppo dei salvati e di essere esentati dall'essere segnati come uno dei dannati.

In ogni caso, il linguaggio non può essere limitato a una serie di significati semiotici all'interno di un quadro comunicativo definito, poiché la molteplicità e la complessità del linguaggio corporeo ha sempre molte più polivalenze di quelle che possono essere scomposte dalla sua analisi semiotica, cioè puramente simbolica.

La verbalità è un complemento della corporeità come manifestazione del linguaggio umano.

CAPITOLO 4 : IL DISCORSO E IL CORPO

A- Come il nostro corpo influenza il linguaggio

Osservando un politico che tiene un discorso o un attore durante la sua performance, è possibile osservare tutti i significati simbolici che egli trasmette in modo non esplicito attraverso la sua corporeità. In entrambi i casi, se lasciamo da parte il discorso verbale, ciò che lo sottende ha forse un significato molto più profondo, poiché ciò che viene trasmesso attraverso i gesti e le posture è totalmente inconscio.

Man mano che la performance del politico o dell'attore procede, possiamo notare una serie di elementi che si esprimono sotto forma di movimenti: empatici, ricettivi, approssimativi, caldi, violenti, veementi, e così via. Le risorse corporee permettono di esprimere tutta una serie di sfumature di un discorso senza dover ricorrere all'uso delle parole.

La posizione che assumiamo per stabilire una comunicazione con qualcuno esprime sempre una totalità di espressioni non esplicite, anche se sembra che non stiamo esprimendo nulla o rimaniamo assolutamente in silenzio. Le microespressioni che attraversano il nostro viso e si manifestano attraverso la postura del corpo vogliono dire sempre qualcosa. I gesti sono accompagnati da una serie di espressioni verbali, che lavorano fianco a fianco per racchiudere un discorso o un'idea generale.

Uno dei casi più noti di come il discorso sul linguaggio del corpo sia stato utilizzato per accattivarsi il favore delle masse riguarda il cancelliere tedesco Adolf Hitler, che raggiunse il potere politico grazie al costante allenamento del suo linguaggio del corpo durante i suoi discorsi.

La posizione del corpo di Hitler durante i suoi discorsi era di grande importanza per trasmettere ciò che voleva. La sua testa, ad esempio, era un tratto distintivo della sua personalità. I suoi capelli neri, sempre pettinati da un lato e tirati all'indietro, conferivano un carattere di disciplina e autorità ferrea. I baffi erano una sorta di linea sulla bocca, inconfondibile. Il movimento delle mani e delle braccia durante i suoi discorsi affascinava ed elettrizzava i tedeschi che andavano ad ascoltarlo. Anche la sua voce era un'altra caratteristica fondamentale che trasmetteva ciò che il popolo, demoralizzato dalle conseguenze della Prima guerra mondiale, voleva sentire da un leader. Quando teneva un discorso, Hitler era solito accarezzare i suoi capelli indisciplinati con il palmo della mano rivolto verso l'interno, riprendendo il controllo delle sue emozioni dopo aver parlato a migliaia di persone. Nel linguaggio del corpo, toccarsi i capelli è un segno per attirare l'attenzione. Tutti questi gesti di rappresentazione erano studiati meticolosamente davanti a uno specchio, che il Fuher, come se fosse un attore di metodo, eseguiva sempre in anticipo per ottenere l'effetto teatrale desiderato davanti al pubblico.

Quando pronunciamo un discorso verbale, il nostro corpo è lì per affermare o disaffermare ciò che esprimiamo. Muovere la testa in una direzione o nell'altra significa che il nostro discorso ha un risvolto negativo mentre, invece, quando viene oscillato su e giù ha un significato positivo. Portare le mani alla testa o toccare il viso sono gesti che mostrano stupore o dubbio, quando il palmo della mano è posto sotto il mento mostra imbarazzo ,sarcasmo invece quando la testa è tenuta con entrambe le mani. Gli accenti prodotti dalla fronte e la sua ampia linea di espressione sono utili per sapere cosa dice il corpo in relazione al discorso verbale.

Durante un colloquio o quando incontriamo una persona nuova per la prima volta, ci sono una serie di gesti che esprimono inconsciamente ciò che stiamo pensando. Dopo la presentazione, di solito allunghiamo la mano per stringere quella della persona che ci è stata appena presentata. Se siamo in un atteggiamento di timidezza, il nostro corpo di solito esprime questa sensazione: sollevando le spalle, cercando di nascondere la testa all'interno del tronco. Se la nostra personalità è dominante, allora proietteremo il petto in avanti, allo stesso modo della testa, alzando la fronte, per dare l'impressione di dominanza e potere.

Politici, leader spirituali, dirigenti commerciali e attori sono tra le persone più consapevoli del potere del linguaggio del corpo, oltre che di quello verbale, e spesso enfatizzano parole che hanno un verbo o un nome che ha un impatto positivo sugli altri.

"Dobbiamo eseguire quel progetto", marcando il plurale del verbo avere e accentuando con le mani, indicando qualcosa di concreto mentre, quando con l'indice e con le gambe leggermente divaricate in parallelo, vogliono esprimere qualcosa che proietta un senso di dovere, responsabilità e presa in carico. Un leader si caratterizza per proiettare il suo status e il suo ascendente sugli altri, attraverso i gesti, le parole, il tono di voce e la postura.

I militari di solito mantengono una postura di schiena dritta e spalle orizzontali, con mento e fronte eretti e petto sempre spinto in avanti, in modo che i subordinati sentano che qualcuno ha il controllo su di loro. Un comandante di plotone non può avere una postura ingobbita cioè con la schiena caricata, le gambe divaricate e la testa bassa: una tale postura non ispirerebbe in alcun modo alcun tipo di sottomissione da parte dei soldati.

Per questo motivo, l'esercizio che Hitler faceva e che molti leader politici fanno per migliorare il proprio carisma è lo stesso che attori, leader religiosi e personaggi dei media fanno davanti a uno specchio o, ai giorni nostri, alla telecamera di un computer o di un cellulare. Questo ci permette di osservare nel dettaglio il modo in cui accompagniamo il nostro discorso, sfumiamo la nostra voce e accentuiamo ciò che diciamo, attraverso il linguaggio del corpo, senza dover ricorrere a un'altra persona.

Inspirare prima di parlare e proiettare il petto, facendo in modo che la schiena formi un angolo retto con il mento, è di solito la posizione di influenza o di dominio, utilizzata dalle professioni sopra citate. Infatti, anche i cantanti lirici assumono questa posizione in modo che la loro voce e i loro gesti siano proiettati fino all'ultimo posto del palcoscenico. Nei circoli operistici si parla spesso di "presenza scenica" dei grandi cantanti.

Durante le cerimonie di intronizzazione degli imperatori o di incoronazione dei monarchi, ci sono spesso gesti in cui le parole sono accentuate da movimenti e posture delle mani e delle gambe. In tutta la molteplicità e la ricchezza del linguaggio umano e dei suoi rituali, possiamo percepire l'importanza del linguaggio del corpo nel sottolineare l'idea o nel far sì che i simboli si fissino nella memoria degli altri.

B- Persuasione con il linguaggio del corpo

Non solo attraverso il linguaggio, ma anche attraverso il corpo, possiamo essere persuasivi. Uno dei grandi vantaggi della comunicazione corporea è che può essere fatta a distanza. Ciò che il nostro corpo dice di noi quando compiamo un'azione è importante quanto la nostra firma quando la apponiamo su un foglio di carta per un perito grafologo. Se camminiamo lentamente e senza brio, con le braccia ondeggianti, pendenti da una parte all'altra come quelle di una marionetta, facendo passi troppo corti o troppo lunghi ed esagerati, comunicheremo un certo carattere a chi ci osserva.

Il saluto militare, ad esempio, evita il contatto fisico, poiché esiste un ampio divario tra i gradi che deve essere rispettato secondo le rigide regole del regime. È un modo per mantenere un deterrente alla vicinanza tra un subordinato e un superiore. Anche i leader politici spesso guardano direttamente negli occhi il loro interlocutore quando si trovano a un vertice o a una riunione di Stato, di solito, come si è visto sopra nei tratti del potere, tenendo con una mano l'avambraccio di colui che salutano e stringendo la mano in modo energico e deciso.

A differenza delle espressioni verbali, il linguaggio del corpo e dei gesti non lascia mai spazio a dubbi: siamo eloquenti. È una caratteristica che abbiamo ereditato dai nostri antenati che, a un certo punto, hanno smesso di camminare a quattro zampe come i primati, che di tanto in tanto si alzavano in piedi per raccogliere i frutti della foresta, e hanno deciso di andare su due zampe, alzandosi sopra la linea di vista del resto della specie. Nel momento in cui i nostri antenati si sono alzati, il loro sguardo rispetto agli altri è cambiato da orizzontale e parallelo, ed è diventato verticale, cioè dalla prospettiva di maggiore altezza verso il basso, dove si trovava il resto delle specie in quell'ambiente naturale.

Man mano che siamo diventati più sofisticati, utilizzando la nostra corteccia cerebrale piuttosto che la regione rettiliana più primitiva per risolvere le differenze, i metodi di persuasione precedentemente più efficaci, come la forza fisica e la resistenza, sono passati in secondo piano come opzione di persuasione meno umana e molto più violenta. Nel mondo animale, le ragioni principali per cui si ingaggia un conflitto o una lotta hanno a che fare con la gerarchia all'interno di un gruppo o con l'affermazione di un diritto guadagnato su un territorio. Ancora oggi, nonostante una lunga storia di progressi umanistici, artistici, religiosi, culturali e politici, con una ricchezza di risorse tecnologiche come le auto elettriche, i telefoni cellulari, i viaggi nello spazio e Internet, la maggior parte dei conflitti, sia individuali che collettivi, sono quasi direttamente collegati a questi due aspetti primitivi.

Durante il XVIII e il XIX secolo, si riteneva che la forma del cranio fosse legata alle qualità e alle carenze intellettuali di una persona. Questa teoria era chiamata frenologia. Le persone con una fronte più stretta rispetto ad altre, che avevano una fronte molto più ampia, erano considerate meno intelligenti o potevano addirittura essere etichettate come pazze o criminali. Poi, con il passare del tempo, sono stati fatti progressi in questo campo e si è giunti alla conclusione che si trattava di pseudoscienza, cioè che la frenologia non aveva alcuna base scientifica. Questo esempio ha a che fare con il modo in cui possiamo persuadere attraverso il linguaggio del corpo.

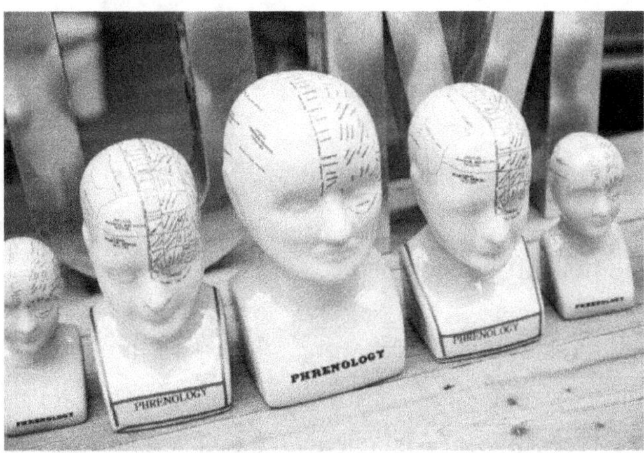

Illustrazione della concezione scientifica della frenologia nel XIX secolo.

Così come si pensava che la forma del cranio definisse l'intelligenza, il corpo e il suo aspetto non hanno nulla a che vedere con la persuasività che si può esercitare sugli altri. Napoleone Bonaparte, che iniziò la sua carriera come soldato nelle legioni francesi, divenne imperatore e uno degli uomini più influenti nella società del suo tempo. Il suo carattere non dipendeva tanto dalla statura, quanto dalle sue strategie di persuasione attraverso la presenza fisica e le abilità sociali. Nonostante la sua statura fosse media, nelle cronache dell'epoca si legge che Napoleone non si sentì mai inferiore di fronte a militari più imponenti fisicamente: aveva un linguaggio del corpo che irradiava potenza e sicurezza, che faceva sì che tutti gli obbedissero.

Il modo in cui ci muoviamo dice molto su chi siamo e sul perché facciamo quello che facciamo e ci comportiamo in un determinato modo.

Flora Davis racconta che, durante uno studio condotto in un ospedale psichiatrico, un medico dell'équipe ha esaminato con la scrittrice una serie di filmati registrati dalle telecamere di sicurezza dell'istituto. Sul nastro si vedeva uno dei pazienti che si comportava in un modo particolare, proprio nell'ufficio del medico.

Nella registrazione, che era silenziosa, in quanto non c'era la possibilità di registrare ciò che si sentiva nella stanza con un microfono, il paziente aveva una serie di movimenti che erano abbastanza caratteristici di una persona comune. Nel modo in cui camminava, nei movimenti che qualsiasi persona normalmente compie inconsciamente, è stato possibile osservare, dice l'autore, come egli muovesse i piedi in modo particolare, con attenzione, quasi meticolosamente, alternando il peso del corpo tra un piede e l'altro.

Allo stesso modo, il linguaggio del corpo, quando era seduto era molto particolare: gambe parallele e braccia che sembravano quelle di un burattino appeso ai lati. Questo tipo di espressione verbale, dice lo scrittore, è molto comune tra gli schizofrenici. Il gesto motorio è uno dei principali indicatori di questa patologia psichiatrica, anche se può variare a seconda della diagnosi, quindi possono essere correlati[4] .

Il nostro corpo, anche se è in stato di riposo, comunica sempre qualcosa, in modo surrettizio. I movimenti e le posizioni del corpo hanno una rappresentazione nella psiche dell'individuo; mostrano come si sente e cosa proietta all'ambiente. Quando qualcuno incrocia le braccia durante un'interazione con un'altra persona, sta delimitando il suo spazio corporeo intimo, sta dicendo, con i suoi gesti, senza pronunciare una sola parola: "non avvicinarti: il mio corpo è il mio spazio personale e privato e non sei invitato a toccarmi perché non ti conosco o non mi piaci".

Tutti i movimenti riflettono uno stato di tensione o di rilassamento. Quando vediamo un pianista classico tendere il corpo e allungare le braccia, appoggiando le mani sulla tastiera, la sua mente è totalmente concentrata sul processo di esecuzione. Un giocatore di calcio, quando cammina sul

---

[4] Comunicazione non verbale. Flora Davis. Pp 183. Alianza Editorial.

campo mentre la palla è dall'altra parte, oscillando le braccia a tempo con il ritmo dei suoi passi, è rilassato.

Allo stesso modo il corpo persuade quando ci sono due innamorati che si fissano avvicinando i loro volti, toccandosi le mani o tendendosi per un bacio; il caso opposto si può osservare quando una ragazza a una festa incontra un corteggiatore che non le piace molto: di solito cercherà di mantenere le distanze in modo che il suo corpo non tocchi quello di lui; lui cercherà di attirare la sua attenzione sorridendo, guardandola di tanto in tanto, senza che lei si accorga di farlo. Sono tutti gesti di persuasione corporea, che veicolano, comunicano, riportano il rapporto tra umore, verbalità e linguaggio del corpo.

C- Che cos'è la prossemica e come applicarla nella vita quotidiana?

È stato nel XX secolo che i progressi nello studio del comportamento hanno iniziato a spiegare come ci relazioniamo gli uni con gli altri in contesti sociali. In quanto discendenti dei primati, siamo determinati dalla vita gregaria: non possiamo fare a meno di relazionarci con gli altri nella nostra vita quotidiana. Questo determina in larga misura il modo in cui ci comportiamo, i nostri gesti e, soprattutto, il modo in cui ci avviciniamo agli altri. È di questo che si occupa la prossemica. Per i branchi di scimpanzé, bonobo e gorilla, il territorio è essenziale per potersi muovere, interagire e sentirsi protetti dalle minacce provenienti dall'esterno del proprio confine. Nel mondo naturale, il territorio è un valore di grande importanza. Per questo motivo, la maggior parte degli animali marca il proprio territorio per avvertire gli altri di non avvicinarsi. Molti animali spesso marcano il territorio urinando, lasciando che questo odore chimico faccia decidere agli intrusi di allontanarsi.

La delimitazione dello spazio e del territorio rimane, nonostante il progresso delle nostre società, una questione complessa e importante. La prossemica studia la distanza dagli altri, in relazione alla propria cultura.

È stata introdotta nel mondo accademico da Edward Hall negli anni Sessanta. Per alcune culture antiche, come quelle orientali, il rispetto dello spazio personale è integrato nei rituali e, in generale, nella vita quotidiana.

Il tipico saluto giapponese, l'ojigi, che si fa inchinando leggermente la testa e il tronco in segno di rispetto, è l'esempio perfetto della raffinatezza di un gesto prossemico. In questo modo diplomatico, la cultura giapponese è riuscita a essere educata e allo stesso tempo a non stabilire alcun contatto fisico, poiché in questa società è disapprovato l'uso di manifestazioni d'affetto molto espressive, a cui siamo abituati nella nostra cultura occidentale, come abbracciare o dare un bacio sulla guancia.

Tipico saluto giapponese ojigi con un leggero inchino

Il contatto fisico con persone che conosciamo appena è spesso molto scomodo. L'esigenza di avere uno spazio privato è comune a tutte le culture, ed è per questo che sono stati creati dei codici, alcuni più espliciti di altri. Prendere le distanze è una delle prime cose che impariamo nell'educazione elementare.

La misura del nostro braccio teso è il modo per mantenere sicuro lo spazio privato. Delimitazioni dello spazio come recinzioni, steccati, recinti metallici, confini, cancelli, muri e tutti i tipi di elementi divisori sono modi di creare distanza per mantenere una misura di sicurezza intorno a noi.

Quasi tutti gli animali sono diffidenti nei confronti della distanza intima. È per questo che gli adulti ci insegnano da bambini a stare lontani da cani e gatti che non si conoscono, perché quando cerchiamo di toccarli, rompiamo la barriera del loro spazio intimo: mostrando i loro denti aguzzi, ci dicono di tenere le distanze, perché hanno bisogno di spazio per reagire in caso di minaccia. Allo stesso modo, quando incontriamo qualcuno per la prima volta, dopo aver salutato l'estraneo stringendogli la mano, di solito manteniamo uno spazio sicuro da lui.

Lo spazio personale individuale è spesso chiamato "bolla privata", perché è come se portassimo con noi ,ovunque, una sorta di spazio portatile invisibile e, al minimo accenno di violazione, tendiamo a reagire in modo ostile, rivolgendo uno sguardo poco amichevole a chiunque ci spinga o ci sfiori in una situazione già abbastanza scomoda, come ad esempio prendere i mezzi pubblici in attesa in una stazione affollata.

È per questo motivo che sugli aerei o sui treni c'è un'area riservata ai clienti di prima classe, dove ogni passeggero ha molto più spazio personale che non deve condividere con altri estranei.

La circostanza di tenere a bada gli estranei si accentua in situazioni estreme, come quella vissuta nel mondo durante l'ultima pandemia di Covid-19. Una delle principali raccomandazioni in questo contesto di emergenza sanitaria globale riguardava proprio la prossemica in una situazione estrema: come rimanere empatici e amichevoli per interagire socialmente, senza poter stringere la mano nei Paesi occidentali?

Il gesto, comune a quasi tutte le culture del pianeta da millenni, di mostrare le mani a un estraneo per assicurargli che non si porta un'arma, chiudendo il patto di fiducia stringendo le mani, libere e nude, era scomparso da un giorno all'altro. Scricchiolare leggermente le nocche dei guanti di lattice o toccare i gomiti con gli avambracci è diventata un'insolita forma di cortesia prossemica nel bel mezzo di una pandemia globale generata da un agente biologico potenzialmente letale.

Pandemia di Covid-19: le misure di biosicurezza hanno cambiato i gesti del linguaggio del corpo

La demarcazione dello spazio personale è radicata nella nostra specie. Il saluto intimo più comune, in alcune culture della maggior parte dei Paesi occidentali, consiste in un bacio sulla guancia quando si ha a che fare con l'altro sesso e, a volte, in un abbraccio effusivo tra uomini; tuttavia, in alcune culture come quella italiana mediterranea o quella argentina, che ha una grande influenza dalla prima, è comune anche il saluto con bacio sulla guancia. Questa rottura dello spazio personale è una delle caratteristiche principali della prossemica.

Quando siamo andati oltre i rapporti intimi con qualcuno che fa già parte della nostra cerchia personale, tendiamo ad ampliare lo spazio personale di vicinanza che abbiamo con gli estranei. Lo spazio corporeo che include la prossemica implica un fattore di interrelazione con gli altri, ma allo stesso tempo è fonte di conflitto: nessuno vuole che lo spazio intimo venga trasgredito, ma il cosiddetto spazio pubblico è troppo ampio per potersi integrare con l'altro in una congregazione, un incontro o un evento di natura molto più privata.

Uno degli esempi più comuni nella cultura occidentale riguarda le celebrazioni religiose. In questa occasione, diverse decine di persone si riuniscono in un tempio per ascoltare un sacerdote. Durante la cerimonia, c'è un determinato spazio personale tra ciascuno dei partecipanti.

Tuttavia, quando è il momento di darsi il cosiddetto "saluto di pace", interagiamo nello spazio intimo per qualche breve istante. È un momento imbarazzante, come si evince dal linguaggio del corpo dei partecipanti, quando stringiamo la mano a un estraneo che si avvicina al nostro spazio intimo.

D- Distanze nella prossemica

La prossemica comprende quattro zone ben definite di spazio tra le persone, ovvero:

Zona intima: è la zona delle persone vicine, degli amici e dei partner sessuali. È compresa tra i 15 e i 45 centimetri. È forse lo spazio che viene custodito con maggiore zelo, poiché determina la maggiore vicinanza ed è direttamente collegato all'erotismo e all'affetto più profondo.

Zona personale: va da 45 centimetri a circa 1,2 metri. È l'area utilizzata per la stretta interazione sociale quotidiana e può essere misurata allungando il braccio. È lo spazio che viene mantenuto durante una conversazione quotidiana in un ristorante, in un bar o negli spazi comuni.

Zona sociale: va da 1,2 a 3,5 metri. È una zona di comfort e sicurezza, in quanto consente di mantenere una distanza considerevole da un perfetto estraneo, conservando uno spazio prudente per la reazione istintiva, nel caso in cui venga violata.

Zona pubblica: si estende da 3,5 metri in avanti. È lo spazio di massima distanza possibile da un'altra persona, che rende l'interazione praticamente inesistente. L'invasione di questo spazio, in modo brusco e senza preavviso, avvicinandosi troppo, può portare al conflitto a causa dell'istinto di autoconservazione.

CAPITOLO 5 : COMUNICARE CON LE ESPRESSIONI FACCIALI

A- Cosa nascondono le espressioni facciali: il linguaggio degli occhi e dello sguardo

È probabile che una delle forme più efficaci di comunicazione corporea nel mondo naturale abbia a che fare con le espressioni facciali, cioè lo sguardo e gli occhi. Gli animali usano spesso gli occhi e lo sguardo come un modo efficace per comunicare, per avvertire del pericolo, per corteggiare, per assediare una preda o per sfidare un contendente che cerca di entrare nel loro territorio.

Il potere dello sguardo e degli occhi, anche se non ne siamo consapevoli, si rivela efficace nel determinare le gerarchie tra i primati. Anche se siamo avanzati biologicamente di parecchie leghe da quando i nostri antenati si confrontavano con altre specie umane o gruppi di specie, è ancora decisivo come tratto impositivo.

Una situazione che cattura esplicitamente questo aspetto, e che tutti abbiamo sperimentato, è quella di incontrare uno sconosciuto in qualsiasi luogo e di scambiarsi uno sguardo.

A volte questo scambio di sguardi tende a essere fugace: lo sconosciuto ci guarda e noi lo guardiamo, ma ognuno prosegue per la sua strada. È un avvertimento al nostro istinto quando l'estraneo ci fissa intensamente.

Qual è la cosa più comune che chiunque farebbe? Sottrarsi guardando dall'altra parte o trattenere l'arma fino a quando l'estraneo non la devia? Se quest'ultima non avviene, i nostri allarmi istintivi si attivano per prepararci a due possibili scenari: la fuga o la lotta.

A questo proposito, i primatologi hanno studiato il comportamento delle grandi scimmie in questo scenario di intimidazione del corpo attraverso lo sguardo. Quando il primate veniva tenuto in uno spazio controllato, osservandolo attraverso le sbarre della gabbia, se ci si avvicinava al primate senza guardarlo direttamente negli occhi, abbassando lo sguardo, i primati non mostravano alcun tipo di reazione.

Al contrario, quando lo scienziato si avvicinava alla gabbia e lo guardava dritto negli occhi, come nell'esempio dello sconosciuto per strada, la scimmia diventava irrequieta, passando dall'indifferenza all'aggressività, per poi mostrare gli incisivi come segno che era pronta a rispondere alla sfida.

La sensazione di essere osservati è una delle sensazioni più spiacevoli che si possano provare. Sebbene sia impossibile spiegare come avvenga, l'unica cosa certa è che sappiamo quando accade: il nostro istinto ci dice che abbiamo un paio di occhi puntati addosso come freccette.

Studi su primati in cattività hanno dimostrato che, se osservati da un punto nascosto, cioè senza che sapessero che un essere umano li stava guardando, gli animali erano svogliati, con segni di depressione visibili nelle onde encefalografiche.

Perché un semplice sguardo ci intimorisce tanto? Pur essendo un organo che rimane fisso sul viso, gli occhi sono molto eloquenti quando si tratta di espressività. Forse è questo il motivo per cui, nel corso dei millenni, è stata attribuita loro un'aura di mistero e di potere al di là del tangibile. In tutto il mondo, leggende e mitologie popolari attribuivano al presunto "malocchio" il fatto che il solo sguardo di qualcuno potesse scatenare una serie di mali e disgrazie sulla persona osservata.

Già ai tempi dell'Antico Egitto, i talismani venivano utilizzati per allontanare l'influenza maligna di entità soprannaturali su una persona, ad esempio, attraverso la protezione dell'Occhio di Horus. In alcune culture, come quella turca, ancora oggi è possibile vedere nei negozi di strada i cosiddetti nazar, amuleti che contrasterebbero l'influenza sulla vittima per liberarla dal malocchio.

Il potere scrutatore dello sguardo è motivo di azione legale in alcuni Paesi. Se un uomo fissa una donna, per esempio negli Stati Uniti o in Europa, può essere rimproverato da un ufficiale di polizia, pena l'accusa di molestie sessuali. Fissare una figura autoritaria è vietato nei Paesi in cui regna ancora la monarchia: guardare direttamente negli occhi un monarca nel Regno Unito o l'imperatore in Giappone non è consentito per nessun motivo.

Attraverso il suo sguardo intimidatorio
un gorilla può persuadere gli altri

Quando siamo esposti a un confronto, come i primati, noi umani aguzziamo lo sguardo, aggrottando le sopracciglia e stropicciando le palpebre per mettere a fuoco meglio il nostro avversario. Con uno sguardo, gorilla e scimpanzé convincono gli altri quando sta per scoppiare una rissa.

Nello sguardo e nelle sue forme c'è una sfumatura che parla agli altri sia implicitamente che esplicitamente. Le espressioni sono eloquenti a questo proposito: "si è guardato alle spalle", "mi ha guardato con disgusto", "mi guardava con la faccia di un cane sgridato", "smettila di guardarmi così", "perché mi guardi", "mi ha ucciso con gli occhi", "guardami quando ti parlo", ecc. Uno dei modi principali di parlarsi tra due persone che si fidano l'una dell'altra è lo sguardo.

La cornice che contiene l'occhio (le sopracciglia, le ciglia e le palpebre) è in grado di esprimersi in modo eloquente insieme alla capacità dello stesso organo di contrarsi o meno quando il testosterone e l'adrenalina vengono rilasciati durante una sensazione intensa, che fa dilatare la pupilla per catturare meglio la luce.

Quando c'è uno scoppio d'ira, le pupille passano da uno stato di apertura a uno di chiusura, dando l'impressione che l'iride sia molto più piccola, al contrario, in uno stato di eccitazione o di estasi, durante una serata romantica o un rapporto sessuale. Il cervello, durante il suo picco di lavoro, fa dilatare la pupilla; si contrae quando si prepara a proteggersi o sta per cedere alla stanchezza, come nei momenti prima di addormentarsi.

Gli istinti essenziali dell'essere umano, come la sessualità e l'autoconservazione, sono direttamente collegati alle dimensioni della pupilla e all'espressione degli occhi. Quando guardiamo qualcuno che ci piace, la pupilla si dilata, perché c'è un'irrigazione maggiore di sangue verso tutti gli organi del corpo, soprattutto quelli sessuali. Allo stesso modo, quando qualcuno ci aggredisce e ci sferra il primo pugno o ci spinge, il cervello entra immediatamente in modalità di sopravvivenza, dilatando le pupille in modo da essere attento a qualsiasi altra aggressione da parte dell'avversario.

Distogliere lo sguardo, per evitare il contatto visivo con qualcuno, o fissarlo, senza battere le palpebre, sono due facce della stessa medaglia quando qualcuno ci piace o non ci piace. Guardare di lato qualcuno indica, in alcuni casi, una forma di disprezzo implicito; in altri, è un modo di guardare qualcuno che,si ci piace, ma mantenendo le forme sociali: entrambi sono modi diplomatici per dire che non sopportiamo qualcuno o che ci piace, ma non vogliamo dirlo espressamente girando la testa.

L'occhiolino è un modo per flirtare senza dover dire una sola parola. In senso opposto, fare l'occhiolino a un'altra persona mentre la si fissa significa che è sotto il nostro sguardo, che non ci fidiamo di lei e che pensiamo che sia una persona da tenere d'occhio. Al giorno d'oggi, con l'avvento della tecnologia mobile nelle nostre vite, non c'è forma di disprezzo più grande che ignorare qualcuno che ci sta parlando fissando lo schermo del telefono.

Il linguaggio dello sguardo e le espressioni facciali ad esso collegate sono innumerevoli. Potrebbe occupare diversi volumi di un'enciclopedia, poiché è progredito con noi nel corso dei millenni, da quando eravamo primati e abbiamo iniziato a stare in piedi per cercare cibo sugli alberi, aguzzando lo sguardo, fino a oggi, dove guardiamo attraverso un microscopio o ci vediamo riflessi nell'obiettivo di una macchina fotografica.

B- Espressioni facciali che incutono rispetto

È probabile che, nel corso della nostra vita, abbiamo incontrato persone che impongono la loro gerarchia sugli altri. Alle scuole medie o alle superiori, come vengono chiamate in alcuni Paesi, ci siamo sicuramente imbattuti in quel bullo che si imponeva sugli altri ragazzi, picchiandoli, minacciandoli, togliendo loro la merenda o semplicemente incutendo timore come modo per ottenere rispetto, oltre che per rafforzare la loro fragile autostima. Il bullismo, come è noto oggi, si manifesta spesso in molti modi, non solo fisici, ma anche di tipo più sottile.

Il modo in cui i gesti del viso possono proiettare la gerarchia sugli altri è una delle aree più affascinanti del linguaggio del corpo. Chi tende ad affermare se stesso sugli altri vede il mondo allo stesso modo di un pugile o di un lottatore: come uno spazio per decidere quale persona è superiore o più forte. Chi mostra questo comportamento aggressivo è disposto a portare il proprio status di alfa alle estreme conseguenze, lasciando gli altri al di sotto di sé.

Questo tipo di personalità ha bisogno di dimostrare agli altri di avere sempre il controllo. Mostra una serie di gesti particolari, che denotano la sua aria di superiorità, ma soprattutto la sua autosufficienza e il suo senso di valore personale, fino alla megalomania. In molte aziende di successo è comune trovarli in posizioni di potere come dirigenti, capi reparto e, naturalmente, direttori generali.

Molto è stato scritto sul segreto del successo nel raggiungere la vetta. Alcuni autori, come Napoleon Hill, sostengono che l'atteggiamento è la chiave per persuadere gli altri e, quindi, per scalare la piramide sociale. Parte dell'atteggiamento ha a che fare con la nostra espressione facciale e i nostri gesti. Il viso è la prima cosa che gli altri vedono di noi. Un aspetto poco curato, con capelli disordinati e barba folta non curata da diverse settimane, dà un'aria feroce, da naufrago o da persona appena uscita dalla giungla dopo essersi persa.

Sono innumerevoli i volti che finiscono per diventare l'immagine di un prodotto o di un'azienda. Il colonnello Sanders, ad esempio, è l'icona della catena di ristoranti KFC in tutto il mondo. Per molti decenni, la Quaker con la ciotola di farina d'avena è stata l'emblema della colazione per migliaia di famiglie negli Stati Uniti.

Il sorriso stimola i neuroni specchio delle persone con cui interagiamo. Si tratta di un'eredità biologica dei mammiferi, compresi i primati, i nostri antenati e noi stessi, l'homo sapiens.

Per persuadere imponendo autorità o gerarchia, non è necessario aggrottare le sopracciglia. Molti psicologi, ma anche esperti di immagine personale e di marketing, sostengono che il sorriso fa sì che il nostro interlocutore mostri affinità ed empatia nei nostri confronti. Un gesto cupo e poco amichevole, invece di produrre affinità, fa sì che le persone si voltino istintivamente dall'altra parte perché è una sorta di segnale che spaventa le persone. Non è una buona strategia per ottenere fiducia.

Mantenere lo sguardo fisso sull'interlocutore, come già visto in un altro capitolo, intimidisce anziché creare fiducia. Gli occhi si devono incontrare quando si vuole sottolineare un'affermazione o quando si oltrepassa lo spazio della zona intima per imporre la gerarchia attraverso lo sguardo, la mascella ferma e un leggero sorriso che si afferma con un cenno affermativo del capo.

I grandi leader politici usano spesso questi codici gestuali per apparire più empatici e amichevoli. Durante la conferenza di Yalta della Seconda Guerra Mondiale, i leader delle maggiori potenze mondiali dell'epoca - Churchill, primo ministro del Regno Unito, Franklin D. Roosevelt, presidente degli Stati Uniti, e Josef Stalin, leader della Russia sovietica - si incontrarono per decidere il futuro del mondo. Gli analisti del linguaggio del corpo hanno notato che i tre leader rimasero sempre sorridenti, amichevoli e ottimisti, cercando di compiacere la stampa mondiale in ogni occasione. Perché non assunsero un gesto freddo, distante e inespressivo? La loro intenzione era quella di dimostrare di essere leader empatici. Sembravano sforzarsi, ognuno, di essere più gentile degli altri.

Sul campo di battaglia della vita lavorativa, sociale o accademica, non è più possibile battersi il petto e ululare come fanno i primati sulle montagne dell'Africa. La corteccia cerebrale ci ha reso più sofisticati quando si tratta di mostrare la gerarchia. I momenti di tensione di una riunione o di un incontro importante si tingono spesso di sorrisi nervosi, sguardi avanti e indietro, cravatte che vengono aggiustate e donne che si sistemano i capelli, toccandoli in ogni momento.

Quando si tratta di dimostrare autorità, colui che detiene il grado più alto nella gerarchia è totalmente calmo. Guarda a malapena tutti, ma allo stesso tempo ha lo sguardo su tutti i volti. Non è agitato, sembra quasi che respiri e sbatta le palpebre. Il suo totale controllo della situazione ha a che fare con il suo linguaggio gestuale: il suo mento è leggermente puntato verso l'alto, proiettato ad angolo sopra le teste del pubblico. Il suo sguardo si sposta da un volto all'altro, senza fermarsi su nessuno di essi. Sembra trattenere un sorriso, ma le sue labbra rimangono chiuse ad angolo retto. È un'espressione ambigua. I grandi leader mostrano questi tratti di controllo gestuale.

Durante uno studio condotto dal dottor Simon Baron-Cohen dell'Università di Cambridge, è stato chiesto a un gruppo di valutare gli stati mentali di ciascuna di queste immagini guardando una stretta striscia di volto umano. Il 95% delle donne ha indovinato, mentre solo l'80% degli uomini è riuscito. Lo studio ha concluso che il cervello femminile è molto più sensibile alle emozioni di quello maschile.

C- Mani e gambe

In quanto primati evoluti, noi esseri umani siamo interessati non solo sulle molteplici espressioni facciali ma tendiamo anche a leggere in modo particolarmente speciale ciò che facciamo con le mani e le gambe. Dopo tutto, sono gli arti che abbiamo dovuto sviluppare meglio, fino a perfezionare il modo in cui li usiamo.

Questo era l'unico modo per scendere dagli alberi e prendere il controllo dell'ambiente naturale ostile. Nei nostri tempi tecnologicamente avanzati, le donne guardano ancora le mani degli uomini e gli uomini le gambe delle donne come caratteristica di attrazione sessuale. Come tutto ciò che accade nel mondo naturale, niente di tutto questo è casuale.

Le mani sono molto più di un modo per interagire con il mondo. Oltre a utilizzare strumenti di uso quotidiano come la tastiera del computer, il telefono cellulare, gli utensili per mangiare e il volante quando si guida un'auto, le abbiamo anche per interagire socialmente.

In un primo incontro, è possibile capire dai primi sei o sette movimenti delle mani come sarà la relazione tra due persone: il modo in cui si muovono dice se c'è dominanza, sottomissione o manipolazione grossolana. Sia a livello politico che spirituale, le mani sono state utilizzate per mostrare gesti simbolici di controllo.

Dai mudra della religione induista, al saluto romano usato dai regimi fascisti negli anni '30 e '40, alla benedizione del Papa dal balcone di Piazza San Pietro, sono tutti gesti delle mani.

La mano può assumere diversi usi simbolici, a seconda del modo in cui è orientata: con il palmo rivolto in avanti, ha un carattere conciliante e pacifico. Allungare la mano con il palmo rivolto verso il basso è un gesto militare dell'antico Impero Romano, che significava avanzata, scontro e confronto. Anche la mano contratta su se stessa diventa uno strumento di attacco come nel pugilato; nelle discipline marziali come il karate giapponese, sotto forma di spada, viene usata per colpire il nemico.

Osservando le mani di una persona possiamo capire che lavoro fa, qual è il suo status sociale e persino come pensa. Alcuni mammiferi come i canidi: cani, lupi, sciacalli, ecc. tendono a mostrare il collo in segno di sottomissione a un avversario che li sottomette, sdraiandosi sulla schiena; allo stesso modo, durante una conversazione tra due persone, i palmi delle mani vengono solitamente mostrati prima, durante e dopo l'incontro come gesto di fiducia: è un residuo del nostro comportamento primitivo, in cui andavamo in giro armati; nel cervello corticale, la ragione e il dialogo hanno sostituito la forza delle armi per risolvere problemi e conflitti.

Il contatto fisico con gli altri attraverso le mani è una caratteristica marcata della maggior parte delle culture occidentali. Abbiamo già visto che gli orientali cercano di mantenere le distanze intime, utilizzando i soliti simboli di cortesia. Ma per il nostro cervello di primate il contatto fisico è importante quando si tratta di trasmettere empatia, affetto o senso di sicurezza. I neonati vengono costantemente accarezzati e toccati dagli adulti in segno di calore e affetto.

Crescendo, la vicinanza fisica e la prossimità diventano sempre più sporadiche e sono riservate solo alle persone del nostro ambiente personale. Avvicinarsi troppo allo spazio intimo di qualcuno è un gesto scortese e può essere interpretato addirittura come un gesto di minaccia. In genere, per dimostrare che non siamo d'accordo con qualcuno che oltrepassa questa barriera, siamo soliti mettere i palmi delle mani tese davanti alle nostre, indicando così che questa persona non deve oltrepassare il limite immaginario che stiamo delimitando con lei.

Gesto del palmo della mano teso verso l'esterno che rappresenta l'avvertimento: "non passare".

D- Gambe

Le gambe sono anche un modo eloquente di esprimere il linguaggio del corpo. La modifica che le nostre gambe hanno subito a un certo punto, con lo sviluppo di un'articolazione a livello dell'anca, ha permesso una grande versatilità in molte delle attività praticamente esclusive dell'homo sapiens: con le nostre gambe possiamo camminare, ballare, fare jogging, praticare arti marziali e praticare vari sport come il calcio o l'atletica. Se vedessimo le nostre gambe dal punto di vista del resto delle specie animale, rimarremmo sicuramente sorpresi dall'ampiezza e dalla versatilità che conferiamo loro.

Parlando di linguaggio del corpo, le gambe sono strumenti estremamente utili per esprimere come ci sentiamo in quel preciso momento. La postura e la posizione delle gambe possono indicare nervosismo, rilassamento, calma, irrequietezza, ansia, eccitazione, tensione e una vasta gamma di altri stati.

È comune che gli psicologi analizzino la postura delle gambe dei candidati al lavoro. Quando ai candidati viene detto di "rilassarsi", la maggior parte di loro tende ad accavallare le gambe, a muoverle battendole sul pavimento, a tamburellare o a divaricarle in modo esagerato. In effetti, questo gesto, che può sembrare invasivo in circostanze scomode come su un autobus o in un vagone della metropolitana, se fatto da un uomo è noto come body mansplaining: invadere parte dello spazio dell'altro allargando le gambe a tenaglia.

Accavallare le gambe è un modo per esprimere la territorialità attraverso il linguaggio del corpo. La distanza tra un piede e l'altro è direttamente proporzionale alla quantità di territorio che si vuole coprire. Sebbene possa sembrare un mito, è possibile osservarlo nella pratica: osservando guardie giurate, scorte, poliziotti o personale di sicurezza, è possibile notare come in piedi tengano i piedi più distanti rispetto ad altre persone che svolgono attività completamente diverse, come un medico, un insegnante, un architetto, un artista o un sacerdote. Questo è necessario in termini di linguaggio del corpo, in quanto serve a comunicare agli altri chi ha il controllo dello spazio personale. Questa postura è simbolo di sicurezza e di fiducia in se stessi e proietta inconsciamente un dominio sul territorio e sullo spazio personale.

Quando qualcuno vuole introdursi nel nostro spazio personale più prossimo, chiamato spazio intimo, di solito avanza di diversi passi fino a trovarsi faccia a faccia con noi, a guardarci e persino a respirarci direttamente in faccia. I loro piedi saranno divaricati, anticipando qualsiasi gesto di aggressione per andare allo scontro, facendo attenzione a mantenere l'asse di gravità per evitare di cadere e di essere preda del contendente. Tutti questi sono segni che denotano la dominanza di un corpo sull'altro. Sono sottili meccanismi corporei che trasmettono forza e decisione.

E- La posizione

Il modo in cui disponiamo il nostro corpo spiega esaurientemente l'attenzione che diamo agli altri. Gli altri notano quando una persona è empatica, assertiva o attenta a ciò che viene fatto o detto. Nel momento in cui si entra in comunicazione con un'altra persona, ci sono una serie di segni corporei e gestuali di connessione. L'attenzione verso l'interlocutore si manifesta sotto forma di proiezione del corpo in relazione all'interlocutore.

Se qualcuno non è minimamente interessato a interagire con il proprio interlocutore, il suo corpo sarà il modo in cui lo dimostra. Che siamo in piedi, seduti o sdraiati, il modo in cui disponiamo il nostro corpo ha un grande impatto sia sulla nostra disposizione che sulla nostra capacità di ascoltare e prestare attenzione.

Se qualcuno ha il corpo in posizione dinoccolata e accasciata, cioè sembra avvolto su se stesso, questo è un indicatore di grande disimpegno e disinteresse.

Al contrario, quando il busto è sollevato, permettendo alla testa di rimanere eretta sul collo, appoggiando le spalle all'indietro, mostrando calma nelle espressioni facciali e mentre gli occhi seguono i gesti e le labbra dell'oratore, questo è un segnale diretto e chiaro che il cervello è disposto ad ascoltare ciò che viene detto.

Gli esperti di linguaggio del corpo conoscono questi gesti e le posture per capire se qualcuno è sincero e ha un interesse genuino per ciò che sta per dire. Anche se non ne siamo consapevoli, il nostro corpo e il nostro viso danno costantemente segnali di empatia o di rifiuto verso gli altri, senza che ce ne rendiamo conto; tuttavia, il cervello dei mammiferi e dei primati, che ha attraversato un lungo processo di adattamento, sa leggere molto bene questi segnali, che di solito sono inequivocabili.

La postura ingobbita con lo sguardo rivolto verso il basso mostra disinteresse e apatia.

Un corpo floscio, afflosciato e che sembra tenuto da un filo, come una marionetta, è una chiara prova di apatia, depressione e umore basso. Al contrario, quando un corpo rimane eretto e mostra di essere vigile, denota impegno, energia e volontà. È un segno di assertività positiva del corpo. Allo stesso modo, questa postura è completata dall'espressione del viso, dagli occhi larghi, dalle sopracciglia fisse e dal tono di voce franco e chiaro dell'interlocutore.

Unendo la comunicazione con un'altra persona all'assertività corporea, si stabilisce una relazione sana in cui i comportamenti coincidono e il cervello è attento allo scambio, il che aumenta le possibilità di persuadere gli altri a comprendere e accettare il nostro punto di vista.

I professionisti delle vendite dicono spesso agli aspiranti venditori cosa fare e cosa non fare per avere un impatto positivo sui loro potenziali clienti. Un solo errore può costare caro. Non fissare a lungo il cliente negli occhi, non invadere il suo spazio intimo, non toccarlo, mantenere sempre una distanza rispettosa, è un fattore decisivo perché il cliente prenda una decisione a favore del venditore e accetti la sua proposta.

La persuasione richiede l'instaurazione di un rapporto di fiducia, che può essere raggiunto solo costruendo fiducia. La postura del corpo è essenziale in questo processo. Ogni nostro gesto e movimento comunica una sensazione che il cervello dell'interlocutore interpreta univocamente in due direzioni: aggressività o amicizia, empatia o rifiuto, fastidio o piacere. Questo è il motivo per cui l'espressione "non c'è una seconda possibilità di piacere a qualcuno" ha così tanto di vero.

La postura del corpo riflette il nostro stato d'animo e l'empatia sociale. Prendere le distanze o incrociare le braccia o le gambe sono modi di esprimere corporalmente un recinto; al contrario, avvicinarsi, guardare direttamente in faccia e cercare di essere vicini, è una forma di empatia del nostro cervello che si esprime attraverso il corpo.

In molte culture la vicinanza corporea è una manifestazione di empatia che si manifesta attraverso il bacio, anche tra uomini, o l'abbraccio, come avviene nei Paesi slavi o nell'Italia mediterranea. È un simbolo di fiducia totale e di cameratismo.

Ecco perché molti studiosi di etologia (comportamento animale), primatologi e antropologi hanno inteso il sesso come un campo di battaglia, in cui uno domina sull'altro che assume una posizione di inferiorità e debolezza, per compiacere al partner sessuale. In nessun'altra specie animale questo fenomeno si verifica come nell'uomo, dove lo spettro sessuale ha così tanti e diversi significati e simbolismi.

Tuttavia, i gesti umani e la corporeità hanno livelli di interpretazione così complessi che possono essere usati abilmente da persone addestrate a persuadere attraverso i loro gesti, movimenti, tono di voce e postura. Gli attori spesso imparano un metodo per rappresentare il personaggio che stanno cercando di incarnare, spingendo il proprio corpo al limite e adattandosi a ciò che stanno cercando di dire attraverso il loro ruolo. Anche molti professionisti del marketing e delle vendite utilizzano le chiavi del linguaggio del corpo per convincere il cliente ad accettare le loro intenzioni commerciali, senza rifiutare o opporre resistenza.

Attore di teatro alle prese con le prove di un ruolo

CAPITOLO 6 :
CORTEGGIAMENTO E
SEDUZIONE

A- Segnali di corteggiamento umani

Anche se non siamo consapevoli del suo potere nello stabilire relazioni sessuali, il linguaggio del corpo è fondamentale nel momento del corteggiamento. Dalla sua efficacia dipenderà il successo nella fondazione della relazione che, a lungo andare, finirà per portare una nuova vita e fondare una famiglia.

Il cervello limbico, che media tra il cervello rettiliano e quello corticale, è responsabile delle espressioni, degli atteggiamenti, dei movimenti e dei gesti automatici nell'interazione con l'ambiente, comprese, ovviamente, le persone. Anche se riteniamo che la civiltà abbia determinato il modo in cui affrontiamo la sessualità nella vita moderna, è vero il contrario: la sessualità è ciò che ci ha fatto vivere nel modo in cui viviamo e ha portato gli esseri umani a uno stato di benessere sempre maggiore.

In quanto primati evoluti, il nostro comportamento in campo sessuale è sistematico e prevedibile: innanzitutto, c'è il corteggiamento o flirt, che viene avviato da una serie di gesti fisici e psicologici che sono indicatori di una risposta positiva alla proposta di unione sessuale.

Un ricercatore e autore, Albert Scheflen, ha scoperto che quando due persone di sesso opposto entrano in contatto, ci sono una serie di indicatori corporei di attrazione sessuale. Caratteristiche fisiche come la flaccidezza del viso, la pancia che si contrae per apparire meno voluminosa, la postura del corpo in generale che diventa più eretta per dare l'impressione di maggiore altezza e forza fisica.

Si tratta di indicatori che hanno lo scopo di attirare maggiormente l'attenzione del potenziale partner sessuale. È un barlume del nostro passato di primati che è pronto a trasmettere il patrimonio genetico a colui che è considerato il membro più dotato del sesso opposto.

Per le femmine, la scelta del miglior maschio con cui accoppiarsi è una questione molto importante, poiché da essa dipenderà la qualità della prole. Se la femmina sceglie un maschio malato, vecchio o debole, le probabilità che la prole nasca con difetti fisici, deformità o altre condizioni che non le permetteranno di sopravvivere sarebbero uno spreco di risorse biologiche.

In questo senso, anche le donne conservano quella selettività che deriva dai loro antenati primati e mammiferi superiori. Il termine ipergamia (dal greco *iper*, superiorità, e *gamia*, copula, matrimonio) definisce molto bene questa tendenza a scegliere il pretendente migliore, che caratterizza il comportamento femminile rispetto allá totalità di uomini che costantemente lodano, seguono e corteggiano una donna nello splendore del suo potere sessuale e riproduttivo.

I gesti di vicinanza all'interno dello spazio intimo, che caratterizzano una coppia innamorata, sono chiari segni di una vera attrazione sessuale.

Come i maschi dei primati, il maschio ha una serie di caratteristiche corporee e di gesti che hanno lo scopo di attirare l'attenzione sessuale della femmina. Solleva le spalle, dando l'impressione che siano più larghe, sporge la mascella, mostrando che le sue ossa sono forti, e assume una postura completamente eretta, per dimostrare, con il petto spinto in avanti, di essere molto più sano, giovane e fisicamente più forte degli altri pretendenti.

La donna, invece, di solito si muove in modo civettuolo, ballando o con movimenti sensuali che mostrano la voluttà del suo corpo, l'ampiezza dei suoi fianchi; gioca con i capelli lanciando feromoni all'uomo per sedurlo, allarga le ciglia fissando il corteggiatore, facendogli capire che è aperta e ricettiva alle sue strategie di seduzione.

Una volta superata questa barriera fisica, il passo successivo è di solito un contatto fisico che trasgredisce lo spazio intimo, che, come abbiamo visto prima, è destinato solo alle persone che consideriamo più vicine a noi e con un maggior grado di intimità con il nostro corpo.

Intrecciare le mani e toccarsi è un gesto inequivocabile di attrazione fisica e sessuale; permettere all'uomo di toccare le gambe o alla donna di toccare lui è anche un chiaro segno che c'è un interesse reale che va ben oltre la diplomazia nei rapporti con l'altro sesso.

I primati, come racconta Frans de Waal, hanno anche una serie di chiari gesti corporei per entrare in contatto con gli altri, che potremmo supporre abbiano un carattere sessuale, ma non è così.

Un nuovo guardiano, introdotto in un gruppo di bonobo, ha concesso la vicinanza quotidiana che questa specie ha con i nuovi membri lasciandosi baciare in segno di benvenuto. Il guardiano, innocente a questo gesto, si è improvvisamente reso conto che stava ricevendo un bacio con la lingua da uno degli esemplari di bonobo[5] .

Il bacio, che è un chiaro segno di corteggiamento, è anche un gesto ereditato direttamente dai primati. Rappresenta la fiducia e il calore della madre che nutre, portando il cibo dalla propria bocca a quella dei piccoli. È un gesto caratteristico anche degli uccelli, che permette ai pulcini di

---

[5] Frans de Waal. La scimmia in tutti noi. Capitolo 3. Il sesso. Pp 89.

sopravvivere quando la madre li nutre direttamente nel becco.

C'è un episodio di un famoso bacio tra due leader comunisti, il russo Leonid Brezhnev e il tedesco Arthur Honecker, che non solo è diventato un'icona della cultura pop, adornando l'ex Muro di Berlino, ma anche un grande esempio di postura empatica e aperta del corpo. È accaduto durante il trentesimo anniversario della DDR (Repubblica Democratica Tedesca), un evento in cui i due leader del blocco comunista si sono salutati con effusione, metafora di un'unione che sembrava molto più che politica tra i due popoli, suggellata da quel leggendario bacio.

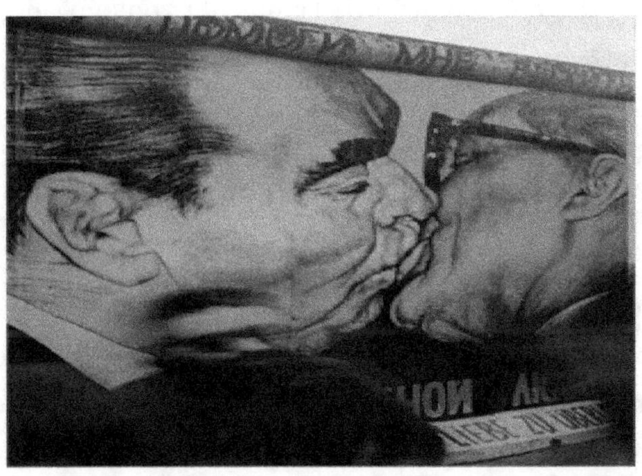

Il famoso bacio tra i leader Leonid Brezhnev e Arthur Honecker, diventato un'icona popolare del XX secolo.

Il bacio è sottomissione e resa assoluta; le due parti si fidano così tanto l'una dell'altra da rinunciare a qualsiasi tipo di resistenza a una potenziale aggressione o attacco abbassando le braccia. Durante il rituale del bacio, le mani sono solitamente strette o intrecciate con quelle del partner, come preludio al rapporto sessuale e alla riproduzione. La postura sottomessa può essere esemplificata anche durante la copulazione. In quasi tutte le specie, durante il rapporto sessuale, le posture difensive si rilassano o scompaiono del tutto.

I bonobo, di gran lunga i primati più attivi sessualmente, tendono ad avere un marcato comportamento erotico in ogni loro gesto. Il gioco tra persone dello stesso sesso è comune tra loro. Il bacio con la lingua è comune tra questi primati, persino normale tra i giovani maschi, dato che il loro comportamento sessuale è comune praticamente in tutte le attività sociali che svolgono, dalla raccolta del cibo al gioco.

Uno dei collaboratori dell'eminente zoologo austriaco Konrad Lorenz, Jürgen Nicolai, ha trascorso decenni a studiare e osservare il comportamento di diversi tipi di uccelli. Durante queste osservazioni, scoprì che in una specie di uccello europeo, il cosiddetto ciuffolotto, è la femmina a dare inizio al rituale di accoppiamento.

Nella maggior parte delle specie, l'iniziativa è presa dal maschio, anche se a volte accade il contrario. Quando la femmina del ciuffolotto ha scelto il maschio per svolgere il lavoro di riproduzione, spicca il volo verso di lui, atterrando sulla sua schiena. Lì si alza in piedi e inizia a emettere una serie di versi come se fosse un gallo. Questo gesto significa che il maschio su cui è appollaiata la femmina di ciuffolotto è stato scelto per procreare una nuova generazione. Si potrebbe dire che questo uccello è una sorta di precursore, tra gli uccelli, delle donne emancipate, che oggi sono solite prendere l'iniziativa di flirtare con un uomo. Se il ciuffolotto maschio resiste alla seduzione della femmina, questa può diventare violenta, molestandolo fino al punto di inseguirlo e tormentarlo per fargli accettare le sue intenzioni.

Una delle fantasie più ricorrenti delle donne è che uno spasimante uscito da un film hollywoodiano le seduca, flirti con loro e infine finisca in una notte di passione dopo la quale si consumerà una relazione perfetta. Purtroppo, questo non accade spesso, perché la maggior parte degli uomini non è in grado di leggere i segnali di corteggiamento che le donne mostrano con il loro linguaggio del corpo.

Anche se su Internet ci sono molti libri, video e contenuti su come flirtare perfettamente con qualsiasi donna, non esiste una ricetta, né tanto meno un elenco di cose che funzionano in ogni circostanza.

Che ci crediate o no, alcuni grandi seduttori non sono gli uomini più attraenti. Molti uomini hanno una sorta di calamita che attrae donne che per altri sono poco attraenti. È chiaro che sono gli uomini a dover prendere l'iniziativa quando si tratta di iniziare un corteggiamento, ma è la donna a dare mano libera, cioè ad accettare o rifiutare l'uomo che mostra le sue intenzioni.

Come fa a farlo? Se un uomo è abbastanza intelligente, esperto o sospettoso da capirle, sarà in grado di leggere i gesti che lei lancia dalla sua postura, dal suo sguardo e dai suoi gesti. Il motivo per cui molti uomini non riescono a flirtare con una donna durante l'interazione ha a che fare con il fatto che stanno costantemente giocando alla roulette dell'attrazione.

Quando un uomo incrocia gli sguardi con una donna in un bar o in una discoteca, nella maggior parte dei casi si tratta di un atto casuale, in quanto lei potrebbe limitarsi a fare una semplice panoramica generale e niente di più.

Commettere l'errore di chiedere l'ora, o di parlare del tempo o della situazione politica attuale, non fa altro che rimandare il disastro del flirt rovinato dalla goffaggine di non saper leggere i gesti del linguaggio del corpo.

Una situazione del genere è esclusa quando l'uomo ha notevoli qualità fisiche e non ha bisogno di fare grandi sforzi per attirare l'attenzione delle donne. Uno dei modi per scartare o meno un corteggiatore che usa una donna sono così sottili che pochi uomini, o quelli con una grande esperienza con le donne, sono in grado di leggerli.

Il noto gioco di sguardi è la caratteristica inconfondibile dell'attrazione fisica. Una donna guarda in media tre volte, fissando gli occhi sull'uomo che ritiene più attraente rispetto agli altri.

Trattenere lo sguardo di una donna durante questo processo può rovinare tutto, facendole abbandonare il gioco perché lo trova troppo facile o perché è chiaramente intimidita dall'atteggiamento dell'uomo. È per questo motivo che l'uomo deve essere consapevole della fase successiva al flirt visivo, che ha a che fare con i movimenti indicativi del successo nella seduzione. Questo gioco di sguardi può essere ripetuto e, se si verifica, indica una marcata attrazione da parte della donna nei confronti dell'uomo.

*Il gioco di sguardi è il primo indicatore di
di attrazione fisica femminile*

B- Movimenti e seduzione

Una volta che il contatto visivo è effettivo e ricambiato da entrambe le parti, il passo successivo nel rituale del corteggiamento umano riguarda i movimenti del corpo, che sono qualcosa di simile a una sorta di danza. La maggior parte dei maschi di specie diverse è solita corteggiare la femmina con movimenti coreografici e teatrali. Alcuni pavoni si esibiscono spesso in una serie di danze, diffondendo il loro splendido piumaggio per impressionare la femmina.

Gli esseri umani hanno altre strategie riproduttive molto meno stravaganti, ma altrettanto efficaci. Le discoteche e i carnevali sono spesso occasioni perfette per ottenere un flirt che può durare a lungo. La gente va lì per rilassarsi, divertirsi e spassarsela, di solito attraverso uno dei più antichi rituali conosciuti per ottenere sesso: il ballo.

Durante la danza, tutti i movimenti del corpo possono essere facilmente scambiati per allusioni erotiche. Si prende la ragazza per la vita e le si avvicina la testa alla propria, in una posizione di tale vicinanza da infrangere completamente le regole della distanza intima.

Il ballo è l'occasione perfetta per dimostrare salute, vigore e plasticità, che possono far pendere la bilancia a favore di quel corteggiatore rispetto agli altri che, purtroppo, non hanno questa capacità corporea. La vicinanza degli organi sessuali di entrambi durante il ballo, il sudore, il respiro, il contatto tra le mani e il corpo di entrambi, si traducono in un afrodisiaco perfetto per consumare l'attrazione iniziata con il gioco di sguardi.

La danza costituisce il rituale di accoppiamento
per eccellenza della specie umana

Durante il corteggiamento, la donna è solita stare in piedi, facendo sporgere i seni per mostrare la sua vitalità e capacità di allattare. Inoltre, tende ad accavallare le gambe o a puntare i piedi in direzione dell'uomo che la corteggia, per segnalare il suo interesse; se è in piedi, poi, ondeggia i fianchi, mostrando la sua fertilità e il suo vigore, giocherella con i capelli per dimostrare il suo interesse fingendo di piacere di più a lui, fa roteare le dita, tiene gli occhi su di lui e inclina la testa verso le spalle.

Potreste anche inumidirvi le labbra o morderle, come se steste mordendo qualcosa. Lo stomaco sarà parallelo alla schiena, vi aggiusterete i vestiti in modo che aderiscano al corpo e vi toccherete le mani nervosamente, intrecciando le dita. Il vostro corpo sarà sempre perpendicolare a quello dell'uomo che vi interessa.

Il contatto fisico è un altro dei gesti inconfondibili del gioco della body dance. Toccarlo, spingerlo leggermente con i fianchi se siete fianco a fianco, sfiorare con le ginocchia il suo inguine, accarezzargli i capelli o toccargli i vestiti sono modi per avvicinarsi in modo più intimo. Se la donna si avvicina per la prima volta dopo il gioco di sguardi, offrendo la mano per stringere quella dell'uomo, è un gesto che indica un'attrazione sincera e autentica.

I gesti positivi di seduzione delle donne tendono a essere sottili e generalmente meno sessualizzanti di quelli degli uomini, che tendono a essere più diretti, come fissare il corpo della donna o farle dei complimenti.

Dieci segni di forte attrazione di una donna per un uomo:

1. Gettare i capelli all'indietro: con questo gesto la donna rilascia i feromoni che la circondano, quasi sempre tenendosi i capelli con entrambe le mani, inoltre

sventola la sostanza con le ascelle in modo che l'uomo possa percepirli. È un segno diretto di interesse sessuale.

2. Mordersi le labbra e toccarle con la lingua: la lingua femminile assume la forma di un fallo e tocca le labbra, inumidendole. In questo modo mostra all'uomo che è sessualmente pronta per la copula, in modo diplomatico ma diretto. Le labbra delle donne sono di solito molto più piene e carnose di quelle degli uomini, quindi sono un'efficace arma di seduzione accentuando il loro rossore con il rossetto.

3. Pupille dilatate e occhi luminosi: gli occhi della donna sono fissi sull'oggetto del suo desiderio e si inumidiscono continuamente quando sbattono le palpebre, per non distogliere lo sguardo dall'uomo che ha scelto per procreare.

4. Auto-carezze: le donne sessualmente interessate agli uomini tendono a toccarsi le cosce, le braccia o a fare carezze a se stesse. Si tratta di una proiezione psicologica esteriorizzata dal desiderio di essere toccate. In modo velato, la donna comunica al corteggiatore che lui potrà fare lo stesso con lei quando si troveranno in un momento di intimità.

5. Lasciar cadere il polso: il gesto di lasciar cadere il polso è una sorta di allusione inconscia a quello che spesso fanno gli uccelli fingendo di avere un'ala ferita per mostrare vulnerabilità a un predatore che minaccia il nido. Allo stesso modo in cui questo gesto cliché è stato reso popolare nella cultura popolare negli uomini omosessuali, per mostrare che sono molto più delicati

degli altri, le donne usano il polso caduto per attrarre gli uomini mostrando di essere più vulnerabili.

6. Guardare sopra la spalla: anche se in un altro contesto può essere frainteso, questo gesto significa che la donna è interessata, usando la sua spalla, che è un'estensione della rotondità del seno, come oggetto di dissimulazione per flirtare con l'uomo.

7. Muovere i fianchi: è probabilmente il gesto di seduzione femminile più diffuso. Muovendo i fianchi, la donna mostra il suo vigore sessuale e ostenta quanto sia ben dotata, senza dire una parola. Muovere i fianchi a un uomo seduto è una sorta di marchio fatto su di lui per indicare la sua disponibilità al corteggiamento.

8. Inclinazione pelvica: è un altro segno che indica che una donna è nel pieno della sua attività riproduttiva. La forma a clessidra e il vitino da vespa sono indice di salute e fertilità della donna. Oscillare i fianchi significa accentuare questi tratti sessuali della femminilità per attirare l'attenzione di un uomo.

9. Stringere le gambe: il gesto immortalato nel film "Bassi istinti", in cui Sharon Stone accavalla le gambe, è uno dei modi classici per mostrare l'interesse sessuale di una donna. Le gambe sono un punto di attenzione su cui gli occhi degli uomini tendono a concentrarsi quando si tratta di seduzione. Accavallare le gambe e stringerle fa sembrare i muscoli più voluminosi e tonici, attirando l'attenzione di un uomo.

10. Dondolare la scarpa: alcune donne spesso si tolgono la scarpa e ci giocano mentre fissano l'uomo. Si tratta di

una proiezione fallica della scarpa che assume la forma dell'organo sessuale femminile, mentre la punta è il fallo maschile che può entrare e uscire, creando un'analogia chiaramente sessuale.

Un'alta percentuale di flirt è iniziata dalle donne con il gioco del contatto visivo.

C- La comunicazione non verbale, un potente alleato per il successo delle relazioni

Tuttavia, non tutto è limitato alla sfera sessuale quando si parla di comunicazione non verbale. Il nostro corpo parla silenziosamente in molti aspetti della nostra vita, compresi quelli legati alle relazioni. In quanto specie gregaria, l'homo sapiens ha bisogno di interagire e riunirsi in gruppi per sopravvivere. Ogni movimento e gesto è una sorta di cartello che parla silenziosamente agli altri, comunicando se proviamo ansia, frustrazione, fastidio, attrazione, irritazione e una vasta gamma di emozioni umane.

Quando si ha un incontro sociale, un simposio, un'intervista, una conferenza stampa o semplicemente quando si incontra una persona in un determinato spazio, che sia in una strada trafficata o all'interno di una casa o di un ufficio, i suoi gesti, il suo modo di parlare, ma soprattutto il suo modo di muoversi e di comunicare con il linguaggio del corpo, ci dicono molto di quella persona.

Per avere successo nelle relazioni che instauriamo con gli altri, dobbiamo passare al setaccio il corretto linguaggio del corpo. Si potrebbe dire che esiste una sorta di galateo del linguaggio del corpo, che il cervello ha stabilito essere ideale per l'interazione sociale. I piedi, pur essendo una parte del corpo molto importante, in quanto ci permettono di compiere azioni essenziali come camminare, correre, ballare e praticare innumerevoli sport, non ricevono l'attenzione che meritano in quanto lettera di presentazione nella società.

Gli esperti nell'interpretazione del linguaggio del corpo, come l'ex agente dell'FBI Joe Navarro, sottolineano l'importanza della parte inferiore del corpo, delle gambe e dei piedi, nell'esprimere le vere intenzioni di un sospettato. Sebbene le espressioni del viso, i movimenti delle braccia e le espressioni delle mani possano dire una cosa, è ciò che si nasconde sotto la superficie, nel linguaggio dei piedi, a dirci cosa è vero e cosa no.

Questo fatto è evidenziato durante i discorsi pubblici di personalità come politici o celebrità. Sebbene mostrino completo autocontrollo, serietà e calma nelle espressioni corporee della parte superiore del tronco e della testa, è nelle gambe e nei piedi che si manifesta tutto il peso del nervosismo, come se sotto le acque di un lago calmo si scatenasse una tempesta.

Generalmente, le gambe e i piedi sono le parti del corpo che non vengono mostrate in un evento pubblico. Questa presunta sicurezza di rimanere nascosti, fa sì che l'inconscio proietti attraverso posture piene di nervosismo come scuotere i piedi, tamburellare sul pavimento, muovere le gambe incrociandole, aprirle e chiuderle come se fossero forbici. Questa è la proiezione psicologica di una grande insicurezza, ansia, nervosismo e paura.

La spiegazione biologica di questo gesto è molto semplice. Durante i tempi difficili in cui i nostri antenati erano circondati da una serie di pericoli che li assalivano non appena uscivano dalle loro caverne, i piedi e le gambe si sono specializzati per diventare strumenti di sopravvivenza. Nel cuore della notte o camminando in una giungla o in una foresta lussureggiante, i nostri antenati si fermavano al suono di un rumore. In quel preciso momento il cervello inviava agli arti inferiori un allarme: fermarsi, ascoltare e prepararsi a fuggire o a combattere.

È per questo motivo che quando siamo in un momento di grande nervosismo, mentre le braccia sono incrociate e il respiro è agitato, gli arti inferiori si intrecciano, muovendosi e mostrando un grande disagio nel nostro stato d'animo. È noto osservare questo comportamento quando ci fermiamo a guardare qualcuno in stato di tensione, mentre aspettiamo in uno studio medico o mentre aspettiamo che arrivi quella persona speciale per l'ultimo appuntamento: il tipico comportamento del leone in gabbia, che percorre lo stesso tratto di spazio o incrocia e disincrocia le gambe più volte.

Le formazioni militari o di grande gruppo enfatizzano questo aspetto di uniformità degli arti del corpo. Mantenere la linea, con la posizione dei talloni uniti, la testa eretta rivolta in avanti e le braccia lungo i fianchi, è la prima cosa che un soldato o un cadetto impara entrando in accademia. Il controllo del corpo è un simbolo potente del fatto che la mente è al servizio del corpo e non viceversa.

È anche una posizione molto sottomessa, in quanto il centro di gravità del corpo non è bilanciato di fronte a un'eventuale aggressione, quindi le possibilità di reagire sono scarse. Questa postura viene assunta dagli steward e dai membri della corte durante le cerimonie reali, come l'incoronazione o l'intronizzazione di un monarca. Il rispetto e la sottomissione si manifestano stando in piedi e con le braccia lungo i fianchi, in modo da potersi inchinare leggermente al passaggio del sovrano supremo.

In questo modo, assumendo questa postura con i piedi vicini e i talloni premuti, dimostriamo inconsciamente che la presenza dell'altra persona merita il nostro pieno rispetto per le regole sociali stabilite.

Durante le cerimonie di incoronazione, gli assistenti stanno in posizione di rispetto, con i piedi uniti in segno di sottomissione. Incoronazione della regina Vittoria d'Inghilterra nel 1837.

D'altra parte, la posizione a gambe leggermente divaricate, nota anche come VASE (Vertical, Open, Symmetrical, Stable) è una dimostrazione corporea di potenza, sicurezza e fiducia in se stessi. È la postura che di solito assumono i cowboy nei film western per dimostrare la loro virilità, forza e risolutezza.

Questa posizione aperta a tenaglia che le gambe assumono è una dimostrazione di grande sicurezza di sé. Allo stesso modo, il petto è spesso spinto in avanti e la schiena è rimboccata, guadagnando altezza; il mento è spinto in avanti e la fronte è sollevata. La posizione delle mani e delle braccia può essere accovacciata sopra la vita, mostrando una grande virilità. Inoltre, la spinta del bacino in avanti è un'esibizione poco discreta dei genitali per accentuare la decisione sfacciata.

Se osserviamo nel dettaglio i film classici, in cui l'eroe è il maschio dominante, notiamo che tutti ripetono la stessa postura a VASO per enfatizzare il loro status di maschio alfa. L'archetipo cinematografico è la camminata di John Wayne o la tipica posizione di Steve McQueen o James Dean con le gambe spalancate per proiettare il proprio spazio corporeo, che sembra gridare dai tetti:

"Eccomi, venite a prendermi, se ne avete il coraggio", sembra dire il corpo.

Anche nelle statue o nei dipinti di grandi conquistatori, eroi e rivoluzionari, è abbastanza usuale notare la posizione assunta dalle gambe e dai piedi, che evidentemente fanno un lungo passo per coprire più spazio vitale.

Assumere questa posizione è un gesto di sfida e di ribellione. Può essere scioccante o aggressivo per qualcuno se viene assunto durante un colloquio o quando ci viene presentata una persona con cui vogliamo negoziare. È una modalità di linguaggio del corpo chiaramente aggressiva e dominante. Quindi è sempre bene mantenere un equilibrio quando si interagisce con una persona appena presentata ed evitare questi gesti del corpo.

Il modo in cui camminiamo dice molto su come ci sentiamo e su ciò che proiettiamo nella mente degli altri. I primati di solito camminano con la schiena arcuata e le braccia che oscillano sui fianchi, ma quando si percepisce un pericolo per il gruppo, il maschio alfa è il primo ad alzarsi in piedi. Spinge il petto in fuori, aguzza lo sguardo, proietta il suo corpo con il petto in avanti e alza le braccia sopra la testa per apparire molto più grande.

Il modo in cui ci muoviamo per camminare può dire molto di noi. Quando camminiamo proiettiamo e mostriamo se siamo attenti a ciò che accade intorno a noi e se il nostro stato d'animo è ottimale; anche la salute e l'energia vengono proiettate in questo modo: camminare in modo goffo è prova di qualche difetto o malattia. Se si cammina in modo languido, poco energico, grottescamente scalcinato, questo è un chiaro indicatore di disprezzo, pigrizia, noia e apatia.

Il passo marcato, che spesso causa tante sofferenze alle reclute nell'esercito, denota attenzione, forza, determinazione ed energia. Marciare con braccia e gambe al passo è segno di vitalità e volontà. Al contrario, camminare con un'andatura caotica, con le braccia a un passo e le gambe a un altro, significa che potrebbe esserci un problema motorio, spossatezza e scoraggiamento.

Il passo altero, determinato e arrogante di un generale, di un re o di uno sportivo durante un evento sportivo, con la testa alta, il petto spinto in avanti, mentre di tanto in tanto guarda gli altri da sopra le spalle, è un gesto di arroganza e prepotenza:

"Io sono al di sopra di tutti voi", sembra gridare il corpo.

D'altra parte, camminare a grandi passi, a lunghe falcate e in modo deciso, quasi al trotto, indica fretta, interesse a raggiungere un luogo o disagio. È simile all'andatura usata dai camminatori nelle gare, dove la soglia tra la corsa e la camminata si stempera in quel passo marcato e fisicamente impegnativo.

Camminare lentamente, con lentezza e sensualità, come fanno cantanti, modelle e reginette di bellezza sulle lunghe passerelle, è una proiezione della sensualità corporea. Per le donne, mostrare il bacino e ondeggiare i fianchi è un fattore di persuasione e di flirt. È un modo di flirtare attraverso il linguaggio non verbale del corpo. Fianchi larghi e sedere voluttuoso sono indicatori, nella società occidentale, di vitalità, giovinezza e, soprattutto, salute. Una donna all'apice della sua fertilità e bellezza ostenta il suo corpo in questo modo chiaro e diretto.

Marilyn Monroe nel film Gentlemen Prefer Blondes è l'archetipo perfetto della sensualità espressa attraverso il linguaggio del corpo. L'entourage di uomini che la inseguono come mosche che inseguono il miele è un simbolo eloquente del potere che il sesso ha sull'homo sapiens e di come ogni uomo sia capace di perdere la testa per una donna da cui è attratto.

CAPITOLO 7 : GIOCARE CON LO SPECCHIO

A- Lo specchio e il selfie: tecniche per valorizzare e persuadere con il corpo

Fin dall'antichità, le persone hanno voluto vedere il proprio riflesso. Gli specchi sono uno degli strumenti più antichi a memoria d'uomo.

Nella mitologia greca, il mito di Narciso, uno dei più popolari, rappresenta la vanità e il fascino prodotti da questo oggetto che riflette tutto ciò che gli viene posto davanti.

Il presuntuoso Narciso era solito vedersi riflesso negli specchi d'acqua, ammirandosi a tal punto da essere affascinato dalla propria immagine. Il piacere di vedersi riflesso, così come l'amore smodato che nutriva per se stesso, portarono Narciso a sprofondare nel proprio riflesso fino ad annegare nell'acqua. In ricordo di questa storia, un tipo di fiore, il narciso, ha preso il nome dall'eroe del tragico mito greco.

Già nell'età del bronzo, quando si svilupparono gli strumenti per l'aratura e le armi, l'uomo scoprì che la sua immagine si rifletteva più o meno fedelmente sulla superficie dei metalli.

Migliaia di anni dopo che l'ingegno umano aveva scoperto gli specchi, la riproduzione della propria immagine, attraverso un supporto externo, ha fatto un ulteriore passo avanti con l'invenzione delle macchine fotografiche. Oggi, praticamente ogni abitante del pianeta, possiede un dispositivo in grado di riprodurre video e scattare foto. La nostra epoca è determinata dal narcisismo dei selfie e delle riproduzioni video in cui possiamo vederci senza troppe difficoltà.

Questa tendenza ha portato sempre più persone a cadere nella trappola narcisistica dei social network, dove abbondano le pose per quasi tutto. Le fotografie e i video non sono un'esclusiva degli esseri umani: cibo, oggetti, gioielli, automobili, paesaggi, animali, vengono riprodotti attraverso immagini multimediali ogni secondo in qualche parte del mondo.

I selfie sono diventati un fenomeno virale. Scattare un selfie con il cellulare o registrare se stessi in modo che gli altri possano convalidarci reagendo o commentando un post sui social network è una conseguenza della società tecnologica in cui viviamo.

Sebbene presenti una serie di caratteristiche inquietanti che possono trasformarsi in ossessione, i vantaggi del selfie, per lo studio del linguaggio del corpo, lo rendono uno strumento prezioso.

Nonostante le grandi differenze culturali che si possono riscontrare in tutto il mondo, per chiunque abbia accesso alla tecnologia, vedere se stessi riprodotti in un'immagine o in un video, genera un fascino che potrebbe essere paragonato a quello prodotto da un atto di magia.

L'analisi del comportamento umano e delle diverse posture e movimenti che compiamo inconsciamente nella nostra vita quotidiana sono evidenziati grazie al progresso della tecnologia. Le telecamere registrano ogni nostro movimento nei luoghi più impensati: auto, moto, biciclette, uffici, ospedali, centri commerciali, università, scuole, chiese, parchi, persino quando camminiamo per le strade delle grandi città del mondo, senza renderci conto di essere ripresi. Questo è stato di grande aiuto per gli studiosi del comportamento umano. I paralleli tra i grandi primati e gli esseri umani sono testimoniati dalle registrazioni cinematografiche che dimostrano che continuiamo ad avere stretti legami con questi affascinanti animali.

Il primo gesto che un primate o un bambino umano compie quando vede la propria immagine riflessa su uno schermo è un gesto di fascinazione. Toccare lo schermo è un modo per dare credito a ciò che gli occhi vedono; poi l'esplorazione del prodigioso strumento con le dita è il modo in cui il cervello spiega il fenomeno della cattura della propria immagine.

A differenza della versatilità dell'obiettivo di una macchina fotografica, lo specchio è immobile, rimane fisso in un punto, riflettendo tutto ciò che gli appare. L'autocontemplazione, per ore davanti allo specchio, consuma molto tempo nella società contemporanea; oggi è persino comune registrare il proprio riflesso nello specchio, come una sorta di trappola della vanità o *mise en abyme*, in cui la propria immagine cade nel pozzo di Narciso.

Per gli attori, l'uso dello specchio e della telecamera sono strumenti essenziali per poter analizzare come prende forma il personaggio che stanno interpretando. I movimenti, i gesti e il modo in cui il corpo trasmette un'emozione vengono proiettati più e più volte finché l'arte dell'interprete non raggiunge la perfezione. Una delle scene più famose che si svolgono davanti allo specchio è quella del film Taxi Driver (1976) di Martin Scorsese, in cui uno squilibrato tassista, interpretato da Robert de Niro, recita un monologo delirante davanti allo specchio, chiedendosi più volte: "Stai parlando con me?

B- Persuadere usando lo specchio o il selfie

Lo specchio o il selfie riflettono tutto ciò che siamo e ciò che gli altri percepiscono di noi. Nel mondo di oggi, dove una vita sociale attiva e di successo è così importante, imparare le tecniche per essere molto più persuasivi usando sia un semplice specchio che la fotocamera del telefono è molto utile. Vediamo una serie di trucchi e tecniche per essere più persuasivi con il nostro linguaggio del corpo.

1- Evitare tutto ciò che nasconde il viso

Dobbiamo tenere presente che il viso è l'elemento più importante quando si scatta un selfie. Anche se in un contesto generale tutto è importante, dallo sfondo che scegliamo, all'angolazione e alla quantità di luce nell'esposizione, il volto è il fulcro dell'immagine. È ciò che proiettiamo, alla maniera di una lettera di presentazione sociale.

Qual è il modo migliore per scattare un selfie senza commettere errori e per proiettare un'immagine positiva e assertiva?

Innanzitutto, mettere a fuoco il telefono con la fotocamera posteriore rivolta verso il viso. A questo punto, l'immagine sullo schermo del telefono sarà visibile nello specchio. Se i capelli coprono il viso, un cappello o qualsiasi altro oggetto, dobbiamo chiederci: è ideale scattare un'immagine che copre il nostro viso? Per non occuparsi del telefono e poter essere attenti all'immagine che stiamo proiettando, è conveniente attivare la funzione timer della fotocamera; il tempo ideale per poter scattare l'angolazione perfetta è un tempo compreso tra i 2-3 secondi; è consigliabile utilizzare la funzione gesto per scattare la foto, in quanto permette di concentrarsi sulla postura corretta.

Adottare questo metodo offre due grandi vantaggi. Il primo è che si tratta di un metodo molto unico e personalizzato; scattare un selfie con questa tecnica offre uno stile unico che farà risaltare la vostra foto rispetto alle migliaia di altri selfie che vengono scattati nel momento stesso in cui la cliccate. In secondo luogo, consente di controllare più volte il proprio aspetto quando non si è soddisfatti dello scatto, fino a trovare l'inquadratura perfetta. Avendo tempo a sufficienza per concentrarsi sul mantenimento della posa, si risparmia tempo per scattare un selfie perfetto.

L'utilizzo di cornici di riferimento permette di allineare la nostra immagine, dando una maggiore simmetria alla fotografia, evitando gesti e posture come la testa inclinata, il corpo inclinato o il bacino proiettato, che possono dare una sensazione inelegante a chi si accinge a vedere il selfie per la prima volta.

L'utilizzo delle funzioni automatiche dei gesti e delle cornici per orientare il viso
ci aiutano a ottenere il selfie perfetto.

C- La telecamera a specchio

Il selfie allo specchio, diventato popolare negli ultimi anni, è il modo migliore per ottenere scatti complessi del corpo, poiché molte fotocamere hanno una bassa risoluzione sulla fotocamera frontale che scatta il selfie. L'alta risoluzione, o modalità HD, consente di ottenere una migliore qualità dell'immagine.

Poiché la nostra postura trasmette sempre uno stato d'animo o un atteggiamento, è importante proiettare sempre sicurezza. Come abbiamo detto nei capitoli precedenti, una postura con la schiena dritta è sinonimo di sicurezza; al contrario, curvare la schiena è segno di introversione, timidezza, bassa autostima e complessi. Allo stesso modo, non è consigliabile una postura che insinui o possa essere fraintesa: mantenersi paralleli a un asse immaginario, una linea centrale che strutturi l'immagine, è il modo ideale per lasciare una buona impressione quando si scatta un selfie.

Dobbiamo usare la fotocamera a nostro vantaggio per fare una buona impressione: non ci sarà un'altra occasione per farlo, una volta che tutti avranno visto lo sfortunato selfie. La postura del corpo, così come le espressioni facciali e i gesti, ci aiutano a comunicare un'immagine positiva: sorridere, tenere le mani di lato o dietro la schiena sono modi per mostrare sottomissione, empatia o apertura verso gli altri; al contrario, avere le gambe o le braccia incrociate, aggrottare le sopracciglia o abbassare gli angoli della bocca è come una grande "X" o un pollice in giù nella mente di chi guarda la vostra foto: ricordate che non si può tornare indietro una volta che avete lasciato un'impressione negativa sugli altri.

I Gesti positivi

Mantenere la schiena dritta proietta sicurezza, fiducia in se stessi, ottimismo, risolutezza e apertura verso gli altri.

Le spalle erette in linea con la schiena, creando un angolo simile a una T rovesciata è una postura di attenzione, energia, vitalità, ottimismo e un atteggiamento determinato e propositivo nei confronti degli altri.

L'espressione facciale e i nostri gesti dovrebbero essere neutri. Un sorriso leggermente abbozzato può essere una firma di empatia. Tuttavia, se vogliamo trasmettere apertura e positività, gli occhi devono essere fissi e le sopracciglia neutre, cioè devono rimanere simmetriche e parallele: non devono suggerire un gesto di pietà o di sarcasmo essendo sollevate o aggrottate insieme, esprimendo rabbia o fastidio.

Le braccia aperte sono una proiezione del nostro spazio corporeo immediato. Quando sono distese con i palmi rivolti in avanti, hanno lo scopo di segnare la distanza o di allontanare una minaccia; quando sono incrociate, simboleggiano una recinzione per limitare il nostro spazio intimo. È importante prestare sempre attenzione ai gesti che facciamo con le braccia, perché il cervello degli altri percepisce inconsciamente questo gesto eloquente del nostro linguaggio corporeo.

Le emozioni che comunichiamo con il nostro linguaggio del corpo in un selfie
sono istintivamente percepite dal cervello di chi guarda l'immagine.

I gesti negativi

Le spalle cariche: quando le nostre spalle sono inclinate, come se portassimo un carico, generano negli altri un'opprimente sensazione di disagio e malessere. Non è un segnale corporeo positivo.

Accigliarsi: questo gesto è un indicatore universale di apatia, disappunto o cattivo umore. Accigliarsi durante un selfie proietta nel cervello degli altri un senso di rifiuto e opposizione. L'accigliarsi è un indicatore istintivo del fatto che qualcuno sta per iniziare una discussione o un confronto.

Le braccia e gambe incrociate sono l'unico strumento naturale di proiezione del nostro corpo . Quando qualcuno tiene le braccia incrociate, sta dicendo che non vuole che ci si avvicini, che il nostro spazio intimo è limitato; allo stesso modo, tenere le gambe incrociate in una fotografia o in un selfie mostra che stiamo racchiudendo o limitando la vicinanza delle persone.

Il mento alzato e proiettato in avanti è un modo di comunicare corporalmente una sfida. È un tipico gesto di spavalderia assunto da maschi alfa, gangster, criminali e uomini dal carattere molto forte.

Il fissare per molte specie animali è un modo per sfidare o non cedere agli altri. Quando due lupi si fissano a vicenda mostrando i denti, è un segno di conflitto. Allo stesso modo, fissare la telecamera è una sfida per l'osservatore. È un modo per dire con gli occhi: "Cosa stai guardando?"

Il nascondere le mani oppure cercare di tenere le mani fuori dall'obiettivo della fotocamera, o nasconderle deliberatamente, è un segno che si vuole nascondere qualcosa. È un gesto che genera diffidenza negli altri: cosa sta cercando di nascondere, perché non mostra le mani? E' la prima cosa che qualcuno pensa quando vede l'immagine.

D- L'importanza del linguaggio del corpo nel parlare in pubblico

Uno dei segreti meglio custoditi dai consulenti d'immagine dei politici di tutto il mondo ha a che fare con ciò che il linguaggio del corpo dice di loro. Atteggiamenti e gesti inconsci vengono spesso alla luce, soprattutto nei momenti in cui ci si sente più vulnerabili. Ciò è particolarmente evidente durante i dibattiti che precedono le elezioni presidenziali.

Gli ascolti televisivi e i social media esplodono quando c'è un grande dibattito in vista dell'ultima tornata elettorale nel Paese più potente del mondo. I consulenti d'immagine di tutto il mondo prendono nota per non far commettere errori ai politici che aspirano alla carica più potente del pianeta.

Quando parliamo davanti a un pubblico, il nostro cervello sa che il corpo viene visto da ogni angolazione possibile. Questo fa sì che la tensione psicologica proietti sul nostro corpo diversi gesti che esprimono vulnerabilità. Ogni gesto, sommato agli altri, forma una serie di puzzle, che ha una semiotica particolare quando si parla di linguaggio del corpo.

Impressionare attraverso il linguaggio del corpo è fondamentale per ottenere risultati ottimali quando si parla in pubblico. I primi secondi dopo la nostra apparizione sul palcoscenico sono cruciali per conquistare il favore delle persone e catturare la loro attenzione. Oltre al modo in cui ci vestiamo, al colore e al design del nostro costume, al modo in cui parliamo, al tono e alla modulazione della nostra voce, il nostro aspetto fisico e il nostro linguaggio del corpo contribuiscono in modo determinante alla cosiddetta presenza scenica.

I grandi attori affrontano quotidianamente il conflitto psicologico di affrontare il pubblico. Spesso sono anche maestri nel fare il loro ingresso trionfale sul palco. Fanno sentire la loro presenza attraverso la voce o attirano l'attenzione su di sé in qualsiasi modo. Uno dei più grandi attori del XX secolo, Marlon Brando, durante le riprese de Il Padrino di Francis Ford Coppola nel 1972, era sprezzante, arrogante e megalomane, come era solito fare con la maggior parte dei suoi compagni di set durante le riprese.

Pur essendo un grande talento, Marlon Brando soffriva di un ego piuttosto fragile, per cui si nascondeva dietro la maschera di un artista provocatorio e altezzoso. Qual era la tecnica di Marlon? Nonostante conoscesse il romanzo di Mario Puzzo, Il Padrino, e avesse studiato meticolosamente la sceneggiatura, non era molto bravo a memorizzare le battute. Per pronunciarle, faceva posizionare lungo i set dove si girava, dei cartoncini con le sue battute, che gli attori dovevano consegnargli affinché lui potesse vederli e ripetere la parte.

Per la mitica prima scena de Il padrino, per risolvere la questione dei suoi attriti con la troupe, con gli attori e il regista, Brando si affidò alla sua imponente presenza scenica per dominare l'inquadratura. Doveva dare l'impressione di un uomo anziano che si rendeva vulnerabile, pur avendo in mano un grande potere. Intonò la voce e indossò segmenti arancioni nel labbro inferiore.

A quel punto prese le redini del personaggio grazie alle sue grandi capacità di improvvisazione. Nonostante si tratti di un monologo in cui la voce di Brando è appena udibile nei panni di Vito Corleone, il patriarca della famiglia di gangster italiani negli Stati Uniti, tutto il peso della scena ricade su Marlon Brando. Questa grande sicurezza scenica si trasmetteva, da grande artista qual era, al resto della squadra, che si sentiva sostenuta da questo immenso talento attoriale.

Così come un grande attore sale sul palcoscenico o un politico affronta il palco durante un grande comizio , quando ci si rivolge a un pubblico è importante avere un controllo assoluto dello sguardo. Scrutare l'intero palcoscenico con gli occhi come se fosse una telecamera, senza fermarsi in nessun punto in particolare, è un modo inconscio di dimostrare dominio e sicurezza. I gesti nervosi, come quelli evidenziati dal movimento dei piedi o dalla dissimulazione delle mani, devono essere tenuti lontani dalla mente in quel preciso momento.

Ci sono alcuni gesti che non dovrebbero essere consentiti durante un discorso, un'intervista, un'allocuzione o una conferenza pubblica. Sono indicatori del fatto che in quel momento ci troviamo in uno stato di panico, sopraffatti dall'ondata di emozioni che ci travolge.

1- Espressioni facciali vietate

- Svasatura ripetitiva e nervosa delle narici: significa che c'è molta ansia.
- Respirare in modo alterato, veloce e affannoso, significa che siamo agitati.
- Muovere gli occhi, la bocca o mordersi le labbra denota una mancanza di autocontrollo e una natura psicologica nervosa.
- Pelle arrossata o sudata significa che stiamo attraversando uno stato di alterazione, senza controllo sulle nostre emozioni.
- Accigliato significa che siamo arrabbiati, turbati o inquieti. Questo proietta una natura aggravata e poco razionale.

- Curvatura delle labbra verso il basso significa che siamo pessimisti, coscienti di noi stessi e con poca fiducia in noi stessi. Natura emotiva, incontrollata, ansiosa o debole.

- Fissare è una sfida, una sfida diretta e chiara. È un invito al confronto, sia esso dialettico, verbale o addirittura fisico. È importante non trattenere lo sguardo, cioè non stabilire un contatto visivo troppo franco e diretto, perché potremmo essere presi per persone conflittuali e poco aperte al dibattito.

- Sudorazione eccessiva riflette una natura bramosa e stati d'animo privi di capacità di attesa. Disturbo d'ansia.

- Mento basso significa che stiamo cercando di nascondere la bocca per non partecipare. Vigliaccheria. Mancanza di iniziativa. Disonestà. Proiezione di scarsa fiducia in se stessi.

Tutti questi gesti o comportamenti negativi ci chiudono agli altri. Significano che non siamo preparati mentalmente o intellettualmente. Siamo immaturi. Non sappiamo gestire le relazioni sociali. Possiamo dare l'impressione di infantilismo, di mancanza di serietà. Per il cervello di chi ci osserva, questa serie di gesti è un segno di scarsa credibilità.

In breve, quando inviamo questi segnali attraverso il linguaggio del corpo a un pubblico, a un gruppo o a una collettività, gli chiudiamo la porta. Sono gesti di scarsa prudenza sociale, di mancanza di educazione, di scarsa struttura mentale e intellettuale. Sicuramente la stragrande maggioranza dei partecipanti lascerà il posto o rimarrà, anche se non presterà attenzione a ciò che abbiamo da dire loro perché abbiamo infranto il patto tacito di una comunicazione chiara e affidabile con il linguaggio del corpo.

E- Inganno e gesti del corpo

Entriamo ora in due importanti capitoli della pratica effettiva del linguaggio del corpo. Si tratta di individuare l'inganno attraverso i gesti del linguaggio del corpo. L'inganno è una strategia biologica che ci permette di ottenere qualcosa attraverso la persuasione. Più siamo in grado di convincere l'altra persona di qualcosa, più facile sarà ingannarla. Anche se può sembrare semplice, la persuasione per raggiungere l'obiettivo finale dell'inganno è qualcosa che, esagerando un po', potrebbe essere paragonata a un'arte.

Nel mondo naturale, alcune specie sono esperte nell'arte dell'inganno. Rettili come il camaleonte sono riusciti a diventare sinonimo di astuzia quando si tratta di confondersi con l'ambiente circostante per depistare i predatori. Cellule specializzate nella sua pelle permettono a questo rettile di assumere la stessa tonalità della superficie su cui si trova. I polpi spesso si mimetizzano o assumono la forma di animali marini per ingannare i predatori, vincendo la partita con l'inganno.

Nel caso degli esseri umani, le strategie di inganno, pur non essendo così spettacolari, possono essere piuttosto impressionanti. È possibile fingere diversi atteggiamenti attraverso il nostro linguaggio del corpo utilizzando delle tecniche quali:

1- **Respirare profondamente**

Respirare profondamente è un modo per mantenere il controllo, attivando l'intero sistema parasimpatico e ossigenando il cervello, permettendoci di avere un maggiore controllo sui nostri pensieri, ma soprattutto sul nostro linguaggio corporeo. Quando ci troviamo in una situazione di stress, il nostro cuore tende a battere più velocemente, causando una respirazione più irregolare. Respirare e trattenere il respiro fa sì che il battito cardiaco rallenti, producendo uno stato di completo rilassamento. Questo è uno dei modi più comuni con cui i grandi bugiardi ingannano gli altri controllando la loro respirazione.

2- **Rilassamento dei muscoli del viso**

Uno dei sintomi più evidenti dello stress è la contrazione dei muscoli del viso. Osservando le persone sottoposte a forti pressioni, si può notare, come la maggior parte di esse, contragga i muscoli facciali, aggrotti le sopracciglia e corrughi le palpebre. Per iniziare ad avere il controllo, una delle tecniche più comuni è quella di rilassare i muscoli del viso. È un'espressione comune tra gli high roller, la cosiddetta "faccia da poker": questi giocatori spesso controllano il loro linguaggio del corpo a tal punto da mantenere un'espressione statuaria durante il gioco, per evitare di dare agli avversari l'impressione di avere l'asso nella manica o, al contrario, di essere truffati.

3- Mantenere le sopracciglia inespressive

Il movimento delle sopracciglia è un modo per esprimersi in modo eloquente, senza dire una sola parola. Nel corso di un evento sociale, è noto che le sopracciglia delle persone si alzano quando qualcuno commette qualche tipo di sfogo, ad esempio, un episodio imbarazzante di un ospite troppo ubriaco per controllarsi o qualcuno che rovescia il suo bicchiere di vino sul vestito di qualcun altro. Quindi, quando si tratta di tradimento, è fondamentale osservare le sopracciglia della persona che si sospetta stia cercando di mantenere il controllo.

4- Sorrisi forzati

La maggior parte di noi potrebbe essere stata coinvolta in un incidente imbarazzante durante una riunione o un evento. Per uscirne, una grande percentuale di persone evita il confronto con qualcuno che non gli piace. La carta vincente è il ben noto sorriso falso. Sollevare gli angoli della bocca e socchiudere gli occhi è un modo diplomatico per esprimere la propria intenzione di togliersi di mezzo nel modo più rapido possibile, sottraendo il corpo al confronto diretto con quella persona che non si riesce a digerire.

5- Tenere la testa tra le mani

L'immagine del pensatore di Rodin, la statua con la testa stretta nel pugno, è diventata un simbolo di riflessione, ma anche di autoassoluzione, tristezza e devastazione psicologica. Tenere la testa cullata con entrambe le mani può essere un segno di agitazione interiore, profonda tristezza e depressione. Non è necessario conoscere molto di psicologia per capire che una persona che assume questa postura sta attraversando un brutto momento.

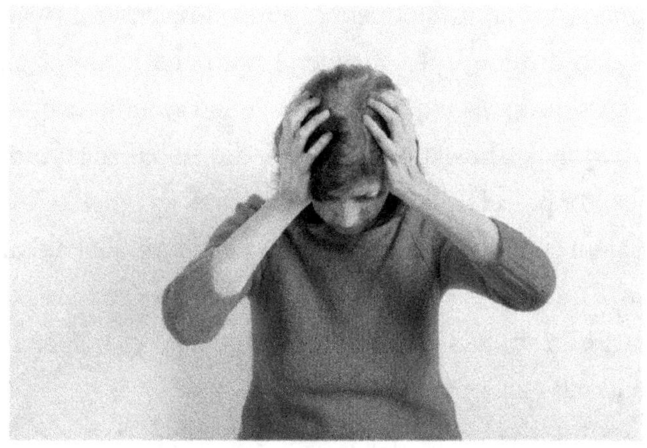

Tenere la testa tra le mani è un gesto corporeo che significa autoassoluzione, desolazione, fuga dalla mente.
In generale, significa che la persona sta attraversando un momento di crisi e sta cercando una via d'uscita dalla sua situazione.

6- Movimenti delle mani esagerati e illustrativi

In generale, i gesti del corpo manifestano l'inganno attraverso una serie di illustratori, ovvero movimenti che hanno lo scopo, come dice il nome, di illustrarci qualcosa. È naturale muovere le mani mentre si parla. Tuttavia, quando questo movimento illustrativo è troppo evidente, è chiaro che si sta cercando di convincere o di dare un'apparenza di enfasi al discorso. Analizzando discorsi, conferenze, interviste o conferenze stampa, si può osservare che i movimenti illustrativi esagerati delle mani sono più comuni nelle persone che mentono o cercano di ingannare che in quelle che non lo fanno.

7- Cercare di proteggere il petto o la testa con le braccia:

Un gesto inconsapevole quando qualcuno cerca di nasconderci qualcosa verbalmente, lo fa anche attraverso gli arti, in particolare le braccia. Cercare di tenere nascosto il petto è un modo non verbale di prendersi cura della propria pelle. Allo stesso modo, cercare di tirarle indietro o farle cadere per sembrare indifesi illustra graficamente la vulnerabilità che si cerca di disperdere attraverso un discorso ingannevole. Quando qualcuno cerca di mantenere un inganno, dovremmo osservare attentamente le sue braccia, per vedere come si muovono.

8- Contrazione delle sopracciglia o tensione esagerata delle stesse

I gesti compiuti dalle sopracciglia, come inarcarle in tensione, indicano che siamo perplessi per qualcosa che ci ha sorpreso in modo negativo. Se questo gesto è accompagnato da altri, come un'evidente tensione nell'espressione del viso o il tenere le labbra troppo serrate, è un segno del linguaggio del corpo, inequivocabile di una grande carica negativa.

Inarcare le sopracciglia e abbassare la bocca è un segno di perplessità, di essere stati colti in flagrante o di aver appreso qualcosa di cui si era completamente all'oscuro. Questo gesto è spesso esplicito nei truffatori o negli artisti della truffa quando viene svelato un alibi. Tuttavia, bisogna tenere presente che questi tipi di personalità sono di solito molto cinici e hanno soppresso i meccanismi di repressione o di vergogna, per cui è difficile individuarli a prima vista.

L'asimmetria delle sopracciglia riflette una grande incertezza. Quando le sopracciglia rimangono a livelli diversi, cioè mentre la sinistra è inarcata verso l'alto, l'altra è dritta, è un gesto inequivocabile di dubbio o di profonda interrogazione interiore.

9- Accigliatura tra le sopracciglia o la glabella

La parte appena sopra gli occhi e il naso è il triangolo che comprende gli occhi, le sopracciglia e la fronte. Se qualcuno tiene la glabella chiusa a lungo quando parla o agisce con le mani, è quasi certo che c'è un conflitto o un problema importante. Inoltre, quando affrontiamo qualcuno che sospettiamo ci stia ingannando, dovremmo osservare attentamente la sua glabella.

F- Come capire che qualcuno sta mentendo?

L'esperto nell'inganno, è spesso molto gentile nei gesti e nelle parole per nascondere le sue vere intenzioni, quando abbiamo riposto la nostra fiducia nelle sue mani su un piatto d'argento.

Gli esperti nell'individuare le bugie attraverso il linguaggio del corpo spesso richiedono anni di esperienza per riuscire a capire quando qualcuno sta palesemente mentendo. Purtroppo, la maggior parte di noi non ha l'opportunità di intervistare quotidianamente criminali senza scrupoli per acquisire questa utile abilità nella vita sociale. Tuttavia, possiamo imparare a leggere i classici gesti e movimenti quando qualcuno ci sta palesemente mentendo.

Nella vita di tutti i giorni, le persone vogliono essere sicure che non ci saranno cambiamenti radicali o bruschi nella loro vita. Tuttavia, spesso gli scossoni nella nostra vita avvengono proprio quando derivano dalle azioni di qualcuno che ci sta ingannando o che intende ingannarci. Che si tratti della decisione di una persona potente o di una persona con cui condividiamo il lavoro, lo studio o la vita intima, le bugie hanno un tale potere distruttivo che sono in grado di distruggere la vita in pochi secondi.

Quante persone hanno affidato il proprio denaro, la propria ricchezza, il proprio amore o il proprio lavoro a qualcuno di cui si fidavano ciecamente? Quando un nuovo capo, che ci dà un brutto presentimento, effettua una serie di licenziamenti massicci e improvvisamente ci chiama in privato per dirci con grandi segni di fiducia e quasi parlandoci all'orecchio, come farebbe un grande amico, che non dobbiamo preoccuparci e che continueremo a lavorare senza problemi, dobbiamo credergli?

Qualcosa di profondo nel nostro cervello ci dice che quelle parole nascondono un velo di inganno. Non vogliamo esserne convinti, ma qualcosa di profondo dentro di noi -

che qualcuno potrebbe definire istinto - ci dice che le cose non vanno bene. È in quel momento che i segni del loro linguaggio del corpo dovrebbero dirci se dobbiamo fidarci o meno.

Il modo più semplice per essere ingannati è la gestualità inconsapevole; tuttavia, per rilevare che l'inganno è effettivamente in atto, è possibile farlo analizzando nel dettaglio il complesso puzzle dei gesti umani.

La chiave per sapere se qualcuno ci sta mentendo o meno è conoscere quella persona. Conoscendo il comportamento di una persona, sappiamo anche esattamente come è. Purtroppo non abbiamo la possibilità di conoscere tutti.

Avere una macchina della verità è impossibile, tuttavia abbiamo la possibilità di osservare i gesti, le espressioni facciali, i modi di parlare, ecc.

1- Contatto visivo

Contrariamente a quanto si crede, chi cerca di ingannarci non eviterà sempre il contatto visivo con noi. Al contrario: cercherà di guardarci negli occhi per dare l'impressione di essere completamente sincero e di aprirsi a noi senza remore. Gli ingannatori, i manipolatori, i truffatori e i bugiardi compulsivi hanno spesso uno sguardo potente. Le loro vittime riferiscono in seguito che erano così attraenti, carismatici e simpatici che era impossibile non fidarsi o non empatizzare con la persona che poi avrebbe fatto loro tanto male.

La tecnica dello sguardo fisso è utilizzata dagli attori di metodo, così come dagli psicopatici e dalle personalità della triade oscura, per intimidire la loro vittima. La maggior parte delle persone di solito non mantiene lo sguardo fisso, in quanto si tratta di un modo di molestare attraverso il linguaggio non verbale. In questo modo, la personalità più debole finisce per cedere allo sguardo dell'imbroglione che, utilizzando altri gesti e una raffica di parole lusinghiere, adulatrici e complimentose, controllerà la mente di quella persona.

Gli occhi hanno un grande potere. I mammiferi e i primati, quando si sentono pedinati nella notte profonda dagli sguardi dei predatori che aspettano che abbassino la guardia prima di attaccarli, provano terrore puro. È normale che gli sguardi ci disturbino, facendo battere il cuore all'impazzata nel nostro petto.

Fissare qualcuno che sta cercando di ingannarci può far sì che anche lui ceda alle sue ambizioni, se sa che saremo in grado di svelare i suoi piani. La fiducia, pur essendo il più delle volte un foglio bianco nei rapporti personali, quando è suggellata dal valore della verità, diventa qualcosa che cementa tutte le istituzioni che conosciamo e dimostra l'etica e il comportamento morale di ogni persona con cui ci relazioniamo.

2- Gesti delle labbra e della bocca

Quando qualcuno dichiara di dire la verità, dobbiamo analizzare cosa fa con le labbra e la bocca. L'inumidirsi esagerato delle labbra, il mordersi, il ridere nervoso o il serrare alternativamente le labbra significano che non sono del tutto a loro agio con ciò che stanno dicendo. Toccarsi le labbra, direttamente con le dita attraverso un fazzoletto o un tovagliolo, sono segni di disagio tra il discorso e ciò che sta accadendo nella mente dell'ingannatore in quel preciso momento. È un campo di battaglia in cui l'ingannatore cerca di prendere il controllo sulla sua vittima.

3- Microgesture

I neuroni specchio di cui disponiamo ci permettono di cogliere i movimenti che generano empatia o rifiuto. Il cervello umano, quando verbalizza, tende a ripetere e ad appropriarsi dei gesti. Gli esperti di linguaggio del corpo che lavorano per le forze dell'ordine negli Stati Uniti spesso usano una storia per convincere un sospettato a rivelare prove che li aiutino a risolvere il caso. Tutto ciò può sembrare poco sensato, ma se comprendiamo la funzione dei neuroni specchio, la prospettiva cambia totalmente.

La scoperta dei neuroni specchio è avvenuta per caso, nello stesso modo in cui sono state fatte grandi scoperte nella scienza. Mentre un ricercatore studiava gli impulsi cerebrali di un primate, raccolse un oggetto e notò che il cervello del primate emetteva una risposta identica, come se anche lui stesse raccogliendo un oggetto con le mani.

Quando a qualcuno viene raccontata una storia, di solito assume lo stesso ruolo del narratore. Ecco perché gli investigatori, quando vogliono trovare un indizio, inventano una storia ipotetica. Osservando i microgesti compiuti dalle persone indagate, possono rendersi conto che stavano mentendo su ciò che dicevano.

4- Segni di ansia e irrequietezza

Se qualcuno teme di essere colto in fallo, cercherà di fare movimenti casuali o non correlati. Ad esempio, sposterà un oggetto a portata di mano o si toccherà ripetutamente le mani.

5- Movimenti incoerenti

Non trovare coerenza quando qualcuno dice di non sapere qualcosa, ma scuote la testa come se lo facesse in modo affermativo, è un classico gesto di disconnessione, che secondo gli esperti del linguaggio del corpo, è un segno inequivocabile che sta mentendo.

6- Impiegare molto tempo per affermare qualcosa

Quando qualcuno cerca di nascondere la verità, eviterà a tutti i costi di dichiarare le proprie affermazioni quando viene interrogato in merito. In genere, chi evita di dire la verità si rifiuta di farlo, al punto da ritardare il più possibile la propria dichiarazione.

7- Coprendosi la bocca o cercando di nascondere gli occhi

Le persone che mentono tendono quasi sempre a cercare di nascondere la bocca o gli occhi con le mani. È un gesto che vuole impedire all'interlocutore di vedere le parole; allo stesso modo, evitano di lasciarsi vedere gli occhi, quindi cercano di bloccare lo sguardo inquisitorio usando le mani come schermo.

8- Mantenere il silenzio

Non dire nulla per molto tempo è segno che la persona non vuole verbalizzare. Pertanto, sta mentendo.

9- Alterare i punti di ancoraggio del corpo

Nello studio della psicologia, i punti di ancoraggio si riferiscono ai punti di contatto rispetto al luogo in cui ci si trova. Se una persona è seduta, il suo punto di ancoraggio rispetto alla sedia è costituito dai piedi sul pavimento e da un angolo di novanta gradi; se è in piedi o appoggiata a una parete, i suoi punti di ancoraggio sono i piedi e le spalle a contatto con la parete. Nel momento in cui la persona cambia o altera questi punti di ancoraggio, si può dire che sta mentendo.

10-Mancanza di riflessi

Le persone rispecchiano naturalmente il comportamento degli altri con cui interagiscono per stabilire un rapporto e dimostrare interesse. Questo rispecchiamento può diminuire quando la persona che racconta una storia, ad esempio, si concentra sulla creazione di un'altra realtà per l'ascoltatore. Inconsciamente, chi sta cercando di ingannarci si allontanerà dalla storia a cui stiamo alludendo, prendendo così le distanze da noi e abbandonando così la situazione in modo diplomatico.

11-Distogliere lo sguardo

Un altro segno sempre efficace per individuare l'inganno in un'altra persona è quando distoglie lo sguardo: se guarda lontano o il pavimento mentre gli parliamo, è segno che sta mentendo o che non è interessata ad avere alcun tipo di interazione con noi.

CAPITOLO 8 : RISOLVERE I CONFLITTI SENZA PARLARE

A- Il comportamento assertivo del corpo

Quando il corpo parla, non c'è dubbio che stia dicendo la verità. L'assertività del linguaggio del corpo gli conferisce un vantaggio rispetto a quello verbale. Cercare di essere assertivi, a volte, richiede un certo impegno; tuttavia, farlo attraverso il linguaggio del corpo è molto più persuasivo e meno forzato. L'assertività del linguaggio del corpo dipende dalla nostra capacità di trasmettere fiducia e sicurezza agli altri e dalla loro capacità di rispondere positivamente a questo tipo di comunicazione non verbale.

Come ogni abilità, richiede tempo e pratica per essere raggiunta. Non è possibile svegliarsi con l'esperienza, le tecniche e le conoscenze necessarie per sapere come persuadere e mantenere sempre un linguaggio del corpo assertivo nelle interazioni sociali.

La struttura dell'apprendimento è essenzialmente dinamica. Cosa significa? Fondamentalmente esiste un conflitto dialettico tra due fattori: l'ignoranza e la conoscenza. Lo scarto tra i due costituisce un processo razionale della nostra volontà e della nostra cognizione.

1- Ignoriamo inconsciamente

Ciò significa che il più delle volte ignoriamo di non sapere qualcosa. Si tratta di una tautologia che ci porta a dichiarare "non so". Prima di Internet, l'acquisizione della conoscenza era molto più complessa di oggi. Bisognava andare in biblioteca ed esplorarla fino a scoprire gli argomenti e i volumi che li sviluppavano.

Ora, ignorare di essere ignoranti è uno stato comune e nessuno si pone questa domanda in modo angosciante. Quando si visita un sito web o un canale video e ci si rende conto delle lacune che si hanno su un certo argomento, di cui non si era consapevoli di essere ignoranti, si verifica un processo che porta a una seconda situazione.

2- Ignoranza con coscienza

Sapendo che abbiamo bisogno di colmare le nostre lacune, decidiamo consapevolmente di colmarle: "Non sapevo che esistesse questo argomento; ora voglio saperne di più". Inizia quindi un processo che ci porta ad acquisire gli elementi necessari per colmare quelle lacune intellettuali: guardare un video, acquistare una copia, partecipare a un workshop o a un corso, unirsi a un gruppo di persone con interessi simili sull'argomento che ha iniziato a interessarci, ecc.

3- Conoscenza con consapevolezza

Quando iniziamo a comprendere la conoscenza in modo coerente, abbiamo iniziato ad acquisirne la consapevolezza, in senso proprio. Ora siamo in grado di trasmettere ciò che abbiamo imparato fino a questo punto. Le tecniche e le pratiche elementari di questa conoscenza possono essere applicate poco a poco nella vita quotidiana.

4- Conoscenza senza consapevolezza

Questa è l'ultima fase. Tutto ciò che abbiamo imparato e appreso lo assimiliamo nella nostra vita quotidiana. Facciamo ciò che abbiamo imparato, quasi automaticamente. Come abbiamo imparato a camminare, ad andare in bicicletta, a guidare, a parlare, leggere e scrivere in una lingua straniera, così la nostra mente è stata plasmata sulle nuove conoscenze.

Allo stesso modo, impariamo il linguaggio del corpo e le sue chiavi di lettura al punto da poter gestire la nostra vita in base alle conoscenze acquisite. Sarà possibile conoscere lo stato d'animo di chi ci circonda e quindi imparare a risolvere e gestire meglio i conflitti che si presentano nella vita quotidiana.

Supponiamo di essere arrivati a una riunione di lavoro di lunedì sotto una pioggia battente. Sono le otto del mattino. Nella sala riunioni scrutiamo i volti e le facce che ci sono. Alcuni sono accigliati; altri sono a braccia conserte; gli altri ancora non prestano attenzione a nulla: restano assorti nello schermo del loro cellulare. Cosa dicono questi gesti e atteggiamenti a coloro che sono riuniti lì, compresi i capi?

Probabilmente nulla. È normale, pensano. È lunedì alle otto del mattino e piove a dirotto. Ma dato che avete le conoscenze sul linguaggio del corpo, cosa potete dedurre dai diversi atteggiamenti che vedete riflessi nel linguaggio del corpo dei vostri colleghi? Non vogliono sapere nulla di ciò che li circonda. Sono apatici. Sicuramente qualsiasi parola venga detta durante la riunione non avrà il minimo impatto su di loro, perché sono completamente scollegati da ciò che li circonda.

Alcuni dirigenti aziendali preferiscono incontrare il gruppo in un luogo diverso da un ufficio grigio e ostile.

È sempre lo stesso piovoso lunedì mattina. Tuttavia, la riunione non si tiene in ufficio, ma il personale è stato convocato in un lussuoso hotel. Tutti arrivano raggianti, eleganti. I volti sono attenti e in attesa: cosa succederà? Cosa ci dirà il capo in un luogo così sontuoso come questo hotel? Tutti gli occhi sono fissi sulla sobrietà del luogo. Tutti sembrano abbagliati. Quando arriva l'alto dirigente, tutti sono attenti alla sua espressione e a ogni parola che pronuncia. Si vede che tutti appoggiano le mani sul tavolo, le dita intrecciate e gli sguardi sono fissi sull'espressione del presidente e degli alti dirigenti.

La conoscenza del linguaggio del corpo può farci vedere le cose da una prospettiva completamente diversa. Prima non sapevamo quando qualcuno ci mentiva, cercava di ingannarci o faceva false promesse solo per ottenere un beneficio da noi. Ora è diverso: basta osservare i suoi microgesti, la sua postura, il modo in cui muove le mani e accavalla le gambe per capire che qualcosa non va.

L'assertività nel linguaggio del corpo inizia con la comprensione e la conoscenza del corpo. Conosciamo il motivo per cui qualcuno appoggia il viso al mento, nasconde una mano con l'altra, alza alternativamente le sopracciglia o sembra fare una sottile risatina con le labbra mentre gli stiamo parlando. Prendere il controllo dei gesti, usando lo specchio o la fotocamera del cellulare, può darci un grande potere. Se usiamo questi strumenti, avremo un grande vantaggio.

Iniziare a essere assertivi, in termini di linguaggio del corpo, significa identificare chiaramente atteggiamenti, pensieri e comportamenti attraverso i gesti che gli altri fanno con il corpo, al fine di prendere la decisione migliore quando si tratta di risolvere un conflitto che sta iniziando a nascere.

5- Individuare i pensieri non assertivi

Gesti del corpo come la testa bassa e le spalle alzate sono la chiara manifestazione della sindrome dello struzzo. Il comportamento insicuro si manifesta in molti altri modi, ad esempio nascondendo le mani, camminando in modo esitante con passi piccoli e corti, rimescolando (come se non si sapesse dove si vuole andare).

- Non ho la capacità di essere un grande oratore. Ho paura di parlare in pubblico. Voglio nascondermi come uno struzzo, infilando la testa in un buco finché non sarà tutto finito.

- Non riesco a conversare con nessuno. Sono troppo timido. Non mi considero attraente. Sono troppo basso. Non ho un buon tono di voce. Voglio scappare durante gli incontri sociali.

- Non credo di avere la capacità di comandare. Sono introverso. Non sono bravo a dare ordini. Non mi piace dire agli altri cosa fare. Preferisco rimanere in disparte e fare quello che mi viene detto di fare per finire il mio lavoro il più velocemente possibile, in modo da poter tornare a casa dove mi sento al sicuro nella mia zona di comfort.

- Mi piace stare da solo con me stesso. Non mi integro. Preferisco stare fuori nelle mie pause, con le cuffie, ascoltando musica o guardando le mie pagine preferite, mentre cammino con le mani in tasca, perché le mie mani sono sempre molto fredde. Inoltre, sono piuttosto brutte e non mi piace che gli altri le vedano.

6- Rilevare le emozioni non assertive

Con il viso tra le mani, guardare sempre verso il basso o verso un punto fisso, ma mai negli occhi dell'interlocutore. Abbassare gli angoli della bocca. Grattarsi la testa o avere la schiena ingobbita. Sono tutti segni di emozioni distruttive, come l'apatia e la riluttanza.

- Non voglio entrare in conflitto con nessuno. Voglio passare inosservato. Se cerco di nascondere il mio volto, nessuno mi noterà. Posso essere al sicuro se devo farmi avanti o parlare davanti a tutti. Non potrei farlo, sono totalmente incapace.

- Non alzo la testa, perché mi sento stanco. Mi pesa. Preferisco tenere gli occhi bassi, con la schiena pesante. Sono appesantito. Sono stanco. Oggi non ho voglia di fare niente. Non alzo nemmeno lo sguardo quando qualcuno viene a chiedermi qualcosa.

7- Riconoscere le abitudini poco assertive

Pigrizia, negligenza, indolenza e mancanza di incoraggiamento. Il linguaggio del corpo parla chiaro. Il modo in cui ci vestiamo, ci pettiniamo o portiamo un taglio di capelli può dire molto di noi.

- Preferisco indossare questa camicia perché non ho mai imparato a fare il nodo alla cravatta. Inoltre, le camicie con il colletto mi danno fastidio. Mi sento più a mio agio indossando queste vecchie camicie sportive o le stampe del mio gruppo rock preferito, anche se mi dicono che non sono molto adatte al lavoro che svolgo.

- Non sono in grado di assumermi questa responsabilità. Inoltre, il lavoro è lontano da casa mia. Preferisco mantenermi con il piccolo stipendio che percepisco piuttosto che correre il rischio di essere promossa e guadagnare uno stipendio migliore.

- Odio lo sport e l'attività fisica. Non mi piace sudare molto e avere un cattivo odore. Anche se so di essere in sovrappeso, mi piace di più mangiare che fare sacrifici, perdere peso iscrivendomi in palestra o comprando una bicicletta per fare più esercizio. Il medico mi ha detto che se non perdo peso, potrei avere complicazioni di salute. Ho troppa paura dell'intervento chirurgico. È meglio che rimanga come sono.

Nascondere il viso dietro le mani è un gesto che indica scarsa volontà, scarsa energia, debolezza di carattere e mancanza di iniziativa.
È un atteggiamento che genera poca fiducia. Le mani agiscono come un recinto o un muro, dietro il quale si cerca di nascondere il viso e lo sguardo.

Leggere i gesti e gli atteggiamenti nel linguaggio del corpo, proprio e altrui, è un'abilità che richiede tempo e pratica. Se conosciamo il significato di ciascuno di essi, sappiamo esattamente cosa aspettarci da quell'interazione. Anche se può sembrare magico o soprannaturale, i grandi esperti di primatologia, psicologia e linguaggio del corpo sanno che cosa qualcuno sta dicendo tra le righe, semplicemente osservando il modo in cui si muove, si esprime, parla o anche sta seduto apparentemente immobile: il corpo umano cerca sempre di dire qualcosa.

B- Risoluzione dei conflitti attraverso il linguaggio del corpo

Quando si tratta di risolvere un conflitto, il linguaggio del corpo è un'arma molto efficace. Soprattutto l'interazione sociale, quando c'è ostilità tra due individui, si concentra sulla parte superiore del tronco e della testa: occhi, gesti, mani e braccia. È questo che osserviamo per primo, poiché il nostro cervello di mammifero si mette in contatto con gli altri attraverso gli occhi e le espressioni facciali. In genere, quando c'è tensione tra due animali, all'inizio questi si pongono all'estensione del corpo, guardando il contendente dall'alto, con il mento e il petto proiettati verso l'esterno; poi, quando si arriva allo scontro vero e proprio, gli sguardi si abbassano, osservando un piano generale delle zampe e delle braccia per eludere o contrastare un attacco.

Il nostro cervello corticale ci ha fatto superare questo stadio bestiale e negoziare con la persuasione attraverso la semiotica del linguaggio del corpo, invece di usare la forza bruta e la violenza. È normale che due persone in disaccordo o in conflitto si misurino l'un l'altro guardandosi dall' alto e in basso. Questa è la prima fase della negoziazione, che si può vedere chiaramente quando si assiste a una disputa legale nei tribunali. I gesti sono l'unico strumento in molti scenari possibili nella nostra società odierna.

Il salto dalla violenza tribale alla risoluzione dei conflitti di potere è avvenuto quando, come racconta Desmond Morris nel suo libro La scimmia nuda, i nostri antenati primati sono usciti dalle foreste e hanno deciso di diventare un'associazione di cacciatori che usavano la loro astuzia e intelligenza per il bene comune, invece di essere capi solitari che esercitavano il potere su un gruppo senza altro vantaggio che la sottomissione per il cibo, il territorio e il sesso.

La grecità determinata dall'istituzione della società sedentaria ha creato un istinto di cooperazione tra i membri. Per cacciare un esemplare di dimensioni sufficienti a soddisfare le esigenze di un gruppo numeroso, era necessario avere un consenso. Nella misura in cui la selvaggina era migliore, la prole cresceva molto più sana e con un cervello migliore che, crescendo, le conferiva l'intelligenza necessaria per sopravvivere in un ambiente decisamente ostile.

La tirannia dei primati irrazionali, con un capo supremo che con la violenza e la brutalità regolava gli affari interni, sebbene non ideale, era comunque necessaria. La gerarchia dei più saggi, dei più esperti e dei più anziani divenne necessaria per mantenere la sussistenza del gruppo. Al momento della caccia, questo era il punto di maggiore complessità, poiché dovevano coprirsi le spalle e reagire per evitare che qualcuno dei cacciatori soccombesse ai predatori che aspettavano la loro parte della piramide nutrizionale in quei tempi difficili. Era quindi necessaria un'autorità ferrea, ma anche compassionevole.

Al momento della disputa, l'organismo dei primati dispone di due apparati essenziali: il sistema simpatico e il sistema parasimpatico. Ognuno di essi ha una funzione specifica. Il sistema simpatico è pronto per la lotta, sguainando la spada per affrontare l'avversario. L'adrenalina scorre nelle vene quando il sistema simpatico lancia un allarme di confronto: "Forza, andiamo a combattere. Avanti", sembra dire all'orecchio. Nel frattempo, il sistema parasimpatico: "Conserva le forze, respira. Calmati e prendi la decisione giusta", sussurra.

Quando lo scontro è imminente, il sistema circolatorio pompa sangue in ogni angolo del corpo, la respirazione diventa più agitata, il viso diventa rosso e le vene si dilatano. Tutti i processi del corpo vengono messi in pausa per lasciare spazio al "sangue caldo": questo è lo stato del cervello rettiliano per eccellenza. Il corpo è pronto a combattere.

1- Le principali espressioni facciali osservate in questo stato sono

- Respirazione molto agitata; il cervello ha bisogno di ossigeno per combattere.
- Le pupille sono dilatate
- La mascella viene serrata per evitare di essere rotta dai colpi.
- La pelle è rossa e calda, a causa della grande quantità di sangue circolante.

Per negoziare è necessario tenere a mente questi segnali, che ci permetteranno di stabilire fino a che punto possiamo spingerci, cioè se c'è la volontà di negoziare o se dobbiamo aspettare che la situazione si calmi.

2- Alcune espressioni facciali che indicano che non è il momento giusto per negoziare

- La fronte è marcatamente aggrottata.
- Le narici sono svasate e i lembi nasali si dilatano e si contraggono.
- Le labbra sono incollate, premute insieme.
- Lo sguardo è fisso.
- Le sopracciglia sono basse, quasi all'altezza degli occhi.
- Petto e mento, proiettati verso l'esterno.

Non c'è molto da fare in questo caso, perché la mente non sta ascoltando nulla; il corpo è semplicemente disposto ad andare allo scontro, vuole il confronto. Dobbiamo mantenere la calma, la razionalità ed evitare la tentazione di entrare in una discussione che sfocia in uno scontro imminente. È preferibile riprendere la negoziazione in un secondo momento, se vediamo che questi segnali permangono.

Quando si inizia a negoziare, è bene rivedere ciò che il corpo sta dicendo. Quando il flusso sanguigno, l'iperventilazione e i gesti aggressivi sono diminuiti, il sistema parasimpatico ha ripreso il sopravvento. A quel punto, la negoziazione può iniziare, poiché il cervello è sottoposto a un flusso sanguigno normale e la tensione muscolare e i gesti facciali si sono attenuati.

3- Espressioni facciali positive

- Non ci sono rughe sulla fronte. È inespressiva o calma.

- La pelle non è arrossata o imperlata di sudore.

- Sguardo franco ma rilassato. Sopracciglia a livello normale, parallele alle linee di espressione della fronte.

- Bocca rilassata, non tesa.

- Mandibola senza tensione nei muscoli mascellari.

- La testa è allo stesso livello dell'oratore e il mento non è spinto in avanti.

Quando ci troviamo di fronte a queste espressioni, è un momento in cui la corteccia cerebrale si dispone a negoziare razionalmente. Quando la trattativa va a buon fine, questi gesti sono fondamentali, perché dimostrano un'apertura mentale nei confronti dell'altra persona. Per questo motivo, quando si negozia o si concilia tra due persone che hanno un conflitto latente, è consigliabile tenere l'incontro in un luogo più rilassato: il cervello non deve avere l'impressione di essere rinchiuso o messo tra l'incudine e il martello (per esempio, in una stanza troppo piccola dove ci si vede faccia a faccia e si respira a fatica). Un luogo aperto, preferibilmente con una corrente d'aria e una vista piacevole, come una terrazza o un ristorante all'aperto, è molto più convincente.

I movimenti che riflettono l'ansia, la tensione e il nervosismo, come i respiri brevi e poco profondi, lo sguardo basso, il tamburellare o l'intrecciare le dita, il toccarsi spesso, il distogliere lo sguardo, l'incrociare le braccia e le gambe o il battere i piedi sul pavimento, sono indicatori che l'atmosfera deve essere lasciata riposare. Di fronte a questi gesti, fate una pausa e aspettate che l'umore dell'interlocutore si rilassi di nuovo. Tentare di negoziare in questo stato d'animo è uno spreco di energie. Dobbiamo utilizzare i riflessi dei neuroni specchio attraverso un comportamento che rifletta il rilassamento e la calma:

- Respirazione lenta e profonda
- Mani ferme, in vista e all'altezza del petto.
- Mostrare i palmi delle mani e non incrociare le braccia.
- Rimanere attenti con uno sguardo franco ma non aggressivo.
- Annuire

C- Aptica, il potere del tocco fisico

L'aptica si riferisce al tatto e al modo in cui comunichiamo con esso. Nel comportamento non verbale, il modo in cui tocchiamo trasmette emozioni all'altra persona. Una leggera spazzolata o un tocco sul braccio possono trasmettere molte sensazioni; hanno una sfumatura completamente diversa da una stretta di mano. Non tutti i tocchi sono uguali; ogni tocco - a seconda del tempo, dell'intensità e della posizione sul corpo - è carico di significato.

Molto è stato scritto sul potere dell'aptica, il contatto fisico tra esseri umani. Autori come Elias Cannetti affermano che una delle più grandi paure della nostra specie, e anche della maggior parte degli animali selvatici, ha a che fare con il rifiuto di essere toccati. Toccando, siamo vulnerabili all'altro. Non sappiamo quali intenzioni possa avere e perché ci stia toccando. Nell'antichità, l'uso di indumenti come gilet di metallo o di pelle erano estensioni di una barriera da indossare. Nel Medioevo, l'uso di cotte e armature aveva lo scopo di tenere gli effetti di armi come spade o frecce il più lontano possibile dalla pelle.

Fin dall'inizio dei nostri giorni, il tatto è stato determinato dalla fiducia che abbiamo in qualcuno. Le uniche persone che toccano il bambino, oltre a medici e infermieri, sono i genitori, ma soprattutto la madre. L'aptica è forse il primo metodo di comunicazione che abbiamo. Basta toccare una persona per capire com'è, chi è; se le sue mani sono ruvide, asciutte, pensiamo che abbia un lavoro da artigiano o da operaio edile; altrimenti pensiamo che sia un artista, un uomo d'affari, un modello o un agente di borsa.

Toccare l'altro, o permettergli di toccarci, è un privilegio che non viene concesso a un estraneo qualsiasi. Il valore intrinseco dell'affettività è direttamente collegato alla liceità di toccare, baciare, abbracciare e altri gesti dello spazio intimo. Nella vita moderna non c'è niente di più scomodo che essere circondati da estranei su un autobus, in una metropolitana o in qualsiasi altro luogo. Nessuno è più vulnerabile che in un luogo affollato come un concerto, uno stadio o una manifestazione di piazza.

Uno dei più importanti filosofi francesi, Maurice Mer leau-Ponty, ha coniato il termine intercorporietè (intercorporeità), per riferirsi all'esperienza condivisa di interazione corporale che determina alcune azioni dell'essere sociale[6] . Toccare ed essere toccati non è solo

---

[6] Intercorporeality: Emerging Socialities in Interaction. di Christian Meyer (Editore), Jürgen Streeck (Editore), J. Scott Jordan (Editore) pp 73.

un'esperienza biologica, ma anche essenzialmente comunicativa, poiché un semplice gesto come toccare qualcuno con la punta del dito può essere interpretato in modo ambiguo, sia in senso positivo che negativo.

Proprio come fanno i bonobo, anche se tralasciando il pregiudizio eminentemente sessuale, le società umane sono state gestite attraverso i meccanismi della comunicazione aptica. Anche nelle alte sfere del potere politico, dove il contatto può essere interpretato in modi diversi, esistono gesti gentili rappresentati da lievi sfioramenti o abbracci a metà.

Tra le culture primitive africane, l'aptica è essenziale per determinare i ruoli e far esistere le dinamiche sociali: molte tribù usano spesso il tatto, il toccare e lo stringere le mani come elementi complementari al loro linguaggio verbale, che utilizzano per stabilire o concordare diversi tipi di relazioni come le transazioni commerciali o per concordare qualsiasi altro patto derivato dalla parola e siglato attraverso la vicinanza e il contatto.

L'ossessione umana per l'aptica e il suo potere deriva dal comportamento dei primati. Attraverso il tatto, i primati sanno riconoscere le gerarchie all'interno dei gruppi, nonché effettuare i primi rapporti sessuali e le prime prove di negoziazione, rafforzando così l'interazione sociale tra i membri.

Toccandosi le labbra e le bocche, i primati si procurano interazioni sociali reciproche che, a lungo andare, permettono loro di stabilire legami, creare alleanze e praticare futuri comportamenti cooperativi.

Se non fosse per l'eredità dei primati che portiamo nella nostra genetica, probabilmente non esisterebbe la civiltà di oggi, con istituzioni e organi statali che organizzano tutto.

Sebbene il nostro cervello corticale sia razionale e voglia lasciare da parte le emozioni, i nostri meccanismi di sopravvivenza hanno bisogno del tatto: è un gesto non verbale che dà fiducia, sicurezza e permette di creare un legame sociale molto più stretto rispetto all'interazione puramente verbale.

CONCLUSIONE

Avendo visto tutti i diversi modi in cui il corpo si manifesta, senza ricorrere alla verbalità, che è il nostro modo più abituale di comunicare, possiamo capire molto meglio perché tendiamo a entrare in conflitto nelle nostre interazioni sociali, e allo stesso tempo comprendere come risolvere al meglio le controversie che nascono dall'ampia semiotica del linguaggio del corpo. La complessità del linguaggio del corpo ha reso sempre più frequente il ricorso alle vecchie strategie che i primati hanno usato e continuano ad usare da decine di migliaia di anni per risolvere questioni che vanno da un banale litigio amoroso alla risoluzione di un conflitto geopolitico.

Sebbene usiamo costantemente il nostro linguaggio come un codice complesso pieno di ambiguità, eufemismi e formule per esprimere i nostri pensieri in modi diversi, non siamo sufficientemente consapevoli delle implicazioni del linguaggio del corpo nella vita quotidiana. Oggi, l'avvento di Internet ha portato milioni di persone, indipendentemente dalla cultura e dalla lingua, a fare uso del silenzioso ma potente linguaggio del corpo.

Milioni di foto e video popolano le pagine dei motori di ricerca e le principali piattaforme di social media nel tentativo di cercare la convalida e l'approvazione degli altri. Una marea di influencer e creatori di contenuti, che guadagnano milioni di dollari in visualizzazioni, ricevono commenti e muovono gli spettatori a reagire. Alcuni dei video più visti su Internet sono semplicicome gli animali che mangiano, oppure giochi o persone che interagiscono per vedere come gli altri reagiscono a una telecamera nascosta, a uno scherzo o a una sfida.

Perché un gesto elementare è così ampiamente accettato e non qualsiasi altra cosa venga postata sui social media?

La nostra risposta, forse, è dovuta alle reazioni del nostro cervello di primate. Siamo divertiti nel vedere un'espressione genuina di rabbia, risata o indignazione riflessa nel volto degli altri. Il meccanismo dei neuroni specchio, che ci fa reagire con un'emozione, è interconnesso al modo in cui ci muoviamo, agitiamo le mani e le braccia o corriamo.

Il linguaggio del corpo governa ogni azione, consapevole o meno, che compiamo durante la giornata. Siamo soggetti ai dettami dei nostri gesti, al movimento del nostro corpo, alla distanza che prendiamo, al modo in cui guardiamo o al modo in cui ci sediamo durante una riunione, in chiesa o al lavoro.

Anche quando dormiamo, totalmente assenti dal mondo e dalle sue complessità, il nostro corpo continua a parlare attraverso il linguaggio del corpo.

BIBLIOGRAFIA

- La grande guida al linguaggio non verbale. Paidós. Teresa Baró.

- Linguaggio non verbale for Dummies. Elizabeth Kuhnke

- Il linguaggio del corpo. Allan e Barbara Per favore

- Il corpo parla. Joe Navarro.

- Dizionario del linguaggio non verbale. Joe Navarro.

- -Come analizzare le persone. Robert Leary.

- Il linguaggio del corpo Imparate a leggere gli altri e a comunicare con sicurezza. Elizabeth Kuhnke

- Comunicazione non verbale. Alianza Editorial. Flora Davis.

- La scimmia in tutti noi. Frans de Waal.

- La scimmia nuda. Desmond Morris.